事例から学ぶ・市民協働の成功法則

文化と
まちづくり
叢書

松下 啓一 =著

小さな成功体験を重ねて学んだこと

水曜社

まえがき —— 小さな成功体験を重ねて学んだこと ——

　私と協働との出合いは、1992年である。横浜市で減量・リサイクルの条例をつくることになって、そのとき、はじめて「協働」と出合った。ごみの減量・リサイクルは、行政だけではできない。市民の主体的取り組みが不可欠だからである。

　今ならば、1990年代は、日本社会の構造変化の胎動期で、協働は生まれるべくして生まれてきたとわかるが、そのときは、そこまで明確には理解できなかった。ただ、直感的に、新たな地平が開けてきたことは、よく覚えている。このあたりの経緯は、『協働が変える役所の仕事・自治の未来』（萌書房・2013年）に詳しく書いた。

　その後、協働が大きく飛躍するのは、1995年の阪神・淡路大震災である。震災直後、私は神戸の街に行くが、ここで再度、「協働」に出合うことになった。そこで見たのは、地震で潰れて身動きできない行政、その神戸の街で、生き生きと活動しているＮＰＯや自治会・町内会の人たちである。公共は、役所だけでなく、民間も担っているという現実を再確認した。

　これが協働の本意でもある。一緒に活動しているから協働ではなく、ともに公共を担っているから協働になる。英語では、コラボレーションではなくて、パートナーシップが適訳である。

　協働が明確に見えたので、みんなに伝えなければと思い、私は一念発起して本を書いた。それが1998年の『自治体ＮＰＯ政策—協働と支援の基本ルール』（ぎょうせい・1998年）である。この本が、韓国で翻訳されるという幸運もあった。

　阪神・淡路大震災のあった1995年は、ＮＰＯ元年といわれ、ＮＰＯという概念が注目された年でもある。それまで、ほそぼそと活動していたＮＰＯに、一気に光があたったときの眩しさをよく覚えている。そして、こ

のＮＰＯの人たちが、協働を言いはじめる。「ＮＰＯから見た協働」であるが、その声が強いので、自治体の協働政策は、ＮＰＯから見た協働になる。ＮＰＯの人たちの主たる関心は、行政との対等性、そして財政支援なので、協働というと委託・補助になった。

　2000年以降になると自治体の計画書に、協働という言葉が載りはじめる。協働の広がりであるが、それに対応して協働の意味が曖昧になっていく。協働の本意は、リサイクル条例や阪神・淡路大震災のときに見た「公共は、役所だけでなく、民間も担っている」であったはずが、それが忘れられ、「一緒に仲良くやる」に変わってしまう。「国語としての協働」である。

　地方自治・まちづくりで論ずべきは、政策概念としての協働である。繰り返しになるが、「公共は、役所だけでなく、民間も担っている」「公共主体のそれぞれが、存分に力を発揮すること」が協働である。

　そこから、協働は２つに分かれていく。行政と市民が同じ公共主体として、両者が一緒に活動したほうが、効果的・効率的な場合（一緒にやる協働）と、一緒には活動しない（時と場所を同じくしない）ほうが、目標達成に有効な場合（一緒にやらない協働）である。後者の場合も、「公共を担っている」から協働である。これが政策概念としての協働である。

　こうした協働論については、『市民協働の考え方・つくり方』（萌書房・2009年）をはじめとして、何度も書いているが、本書でも、第１章の協働の基礎で、簡潔に整理して論じている。

　本書の中心は、第２章の「一緒にやる協働」の成功条件である。一緒にやる協働は、相手がいる分、難しくなる。あるべき論をいくら言い募っても、うまくできるわけではない。そうしたなかで、「協働というと成功体験

より挫折した経験」を持つ人が多くなり、「協働は手強い」と思われるようになってしまった。

　幸い、私はたくさんの場数を踏み、どうすれば一緒に協働ができるか、小さな成功体験をいくつも重ねているので、それを一つひとつ丹念に思い出し、共通事項を類型化することで、協働の成功法則をまとめることができるのではないか。これが本書を書きはじめた動機である。いわば協働の秘訣であるが、ぜひ、本書をゆっくりと読んで、体得してほしいと思う。

　本書が、多くの人たちにとって、協働の成功体験の手助けになれば、著者としては、なによりの幸せである。

令和４年初春

松下 啓一

『事例から学ぶ・市民協働の成功法則』　目　次

第1章　協働の基礎

第2章 「一緒にやる協働」の成功条件

第3章　withコロナ時代の協働

第1章

協働の基礎

協働の意義を国語的に理解し「一緒に汗を流すこと」と考えると、

協働の意義を半分しか活かせない。

協働のそもそもに立ち返って、協働とは何かを理解しよう。

① 協働の定義

［1］協働とは何か

考えてみよう➡協働の代表的な英語訳は次の3つである。どれが適訳か

　・パートナーシップ（partnership）

　・コプロダクション（coproduction）

　・コラボレーション（collaboration）

　それぞれ協働は、どのように違うのだろう。どれも協働と訳されるが、自治経営やまちづくりにとって必要なのは、どの協働だろう。

◖もともとはパートナーシップだった

　協働は、日本では「21世紀初頭に最も流行した政策概念」と言える。流行語の常として、本来の意味が見失われ、意味が拡散しはじめている。

　コプロダクションもコラボレーションも、地域住民と自治体職員が一緒に汗を流しながら、公共的な事柄を実施していくという概念である。このうち、コプロダクションは、生産や結果を含む概念であるのに対して、コラボレーションは、お互いが響き合いながら、協力しながら行動することに力点を置いている。

　これに対して、パートナーシップは、行政と市民との対等性・関係性を重視する考え方である。行政も市民も「公共の担い手である」という主体性・当事者性が基点で、一緒に汗を流すことは、あくまでも手段のひとつである。

　1990年代になって、市民の公共主体性を重視するパートナーシップの考え方が注目され、日本に導入されてきた。協働＝パートナーシップとすると、

大きな地平が見えてくる。次の時代の地方自治のあり方まで展望できる。

◖ パートナーシップの法制度

　対等性・関係性を重視するパートナーシップは、アメリカでは法制度としては、以前からあった。

　パートナーシップという名称を持つ法律を見ても、ジョイント・ベンチャーの意味でのパートナーシップ法（Partnership Act 、Limited Partnership Act）や、同性同士でも登録すれば、婚姻夫婦と同じ法的効果が与えられるパートナーシップ登録法（Registered Partnership Act）などがある。

　最近では、日本でも、性的少数者や事実婚の人たちを対象に、パートナーシップ宣誓制度が採用されはじめている。たとえば、横浜市パートナーシップ宣誓制度は、お互いを人生のパートナーとして、相互に協力し合う関係であることを宣誓した性的少数者や事実婚の人に対して、横浜市が「パートナーシップ宣誓書受領証」及び「パートナーシップ宣誓書受領証明カード（希望者のみ）」を交付する制度である。

　憲法第24条にも、「婚姻は、両性の合意のみに基いて成立し、夫婦が同等の権利を有することを基本として、相互の協力により、維持されなければならない」と書いてある。相互の合意、相手の尊重、自律、責任、つまりパートナーシップは、結婚のようなものである。

　自律、相互の合意、対等、信頼、責任をキーワードに地方自治を考えると、新しい地方自治の世界が開けてくる。公共は、役所だけではなく、民間も担うことを認めると、これまで行政では手が出せなかった領域も公共領域となる。行政の手法も権力的・強制的なものだけでなく、誘導・支援的な手法も重要になる。役所の仕事ぶりが大きく変わり、民間が、公共を担えるように後押しすることも役所の重要な仕事になってくる。

　協働は、市民との付き合い方というレベルを超えて、新しい時代をリードするパラダイムとなっている。

◀ パートナーシップの源流

　パートナーシップがまちづくりに取り入れられたのは、いつ、どこからなのか。その源流はいくつかあるが、最も説得的なのは、1970年代後半にアメリカで行われた「公共と民間のパートナーシップによる都市開発」が日本に伝わり、1990年代の初めころ都市計画の分野に導入され、パートナーシップによるまちづくりが模索されたとする理解である。

　1970年代、アメリカでは、道路網の整備とモータリゼーションの発達で、白人の有産階級が郊外の一戸建てへ逃げていく。その結果、都心部の商業や業務機能が衰退しはじめる一方で、市街地には、低所得者や外国からの移民が住みはじめてスラム化が進むことになる。都市機能の郊外化と都心の衰退、つまりインナーシティの問題である。

　そこで、連邦政府や自治体が、この市街地のスラムクリアランスに取り組むが、その際に、このパートナーシップの手法が取り入れられることになる。

　第一に、デベロッパー型のまちづくりと違って、既存の街をクリアランスする修復型まちづくりの場合、そこに人が住み、さまざまな権利が積み重ねられているため、そこに住んでいる住民を無視しては、まちづくりは進まない。住民をまちづくりのパートナーとする手法しか選択肢がないとも言える。

　第二は、住民側も、ただ要求・反対しているだけでは、問題が解決しない。何もしないでいると、ますます、スラム化が進み、麻薬や犯罪がはびこるばかりである。政府も住民も双方が、対等で、信頼、責任を持ち、協力し、妥協し合わなければ、問題は解決しない。

　第三に、こうした状況のなかで、政府も事業者もNPOも、妥協という選択をしてきたということである。

　アメリカの例を見て驚くのは、住民は、一方では、開発を容認しつつ、他方では、開発側から多くの条件を引き出していることである。①開発計画の内容変更（密度、高さの規制、土地利用の変更、オープンスペースや歩行者アク

セスの確保、建物のデザイン等）、②開発による周辺地域への影響の緩和（景観の影響、交通処理、排水処理等）のほか、③自分たちのための安い住宅、保育所、雇用の確保といったコミュニティ開発への協力のための代替措置に及んでいる（この項の記述は、秋本福雄『パートナーシップによるまちづくり―行政・企業・市民／アメリカの経験』学芸出版社・1997年を参考にした）。

　日本の場合も、1990年代に入ると、まちづくりは、それまでのデベロッパー型から修復型に変わっていくが、協働の発見は、こうした日本の社会構造の変化に対応した動きである。

　協働を初期にリードした山岡義典氏や林泰義氏は、いずれも都市計画の専門家であるのは偶然ではない。

◢ 協働はヴィンセント・オストロム先生から教わったのか

　一般に協働は、1977年、アメリカの政治学者ヴィンセント・オストロム（Vincent Ostrom）が、地域住民と自治体職員が協力して自治体の役割を果たしていくことを一語で表現するために造語した“coproduction”（co「共に」、production「生産」）を日本語に訳したものと説明されることが多い（荒木昭次郎『参加と協働―新しい市民＝行政関係の創造』ぎょうせい・1990年）。実際、多くのテキストにそのように書かれている。

　また多くの自治体の協働指針等にも、「“協働”という言葉は、1977年、アメリカの政治学者ヴィンセント・オストロム（Vinsent Ostrom）が「地域住民と自治体職員が協力して自治体政府の役割を果たしていくこと」を一語で表現するために造語した“coproduction”（co「共に」、production「生産」）を日本語に訳したものです」（日向市協働のまちづくり指針）などと断定的に書かれている。これは本当だろうか。

　しかし、これは職業人生の前半を横浜市の公務員として過ごした私の体験とは大きく異なっている。オストロム先生に指摘されるまでもなく、当時から、地域住民と自治体職員が協力して自治体の役割を果たしてきたし、それが普通だったからである（私の体験は1970年代であるが、そのずっ

と以前から、coproductionは行われていた）。

日本には、コプロダクションの長い歴史がある

　指針等では、コプロダクションという意味の協働が、1970年代にアメリカで「発見」され、それが日本に持ち込まれて「協働」になったと説明されているが、日本では、そのはるか以前から、地域住民と役場が、力を合わせ、助け合って、地域にとって有用な活動を行ってきた長い歴史がある。

　その具体例が、道普請である。道普請は、地域住民が金銭、労力、用地、物資等の負担をしながら、他方、行政は設計技術、重機の貸与、予算配布等で協力しながら、生活基盤である道路を計画、施工、維持するというセルフビルドの仕組みである。

　時代を経るごとに、住民の労務提供の程度と行政の提供する資材等の内容が変化していく点は興味深いが、1970年代以前から、コプロダクションは行われていた。

　道普請や水普請は、農閑期や田植えの始まる前に村をあげて行われるが、これを行わないと農業生産に支障が出てしまうからである。日々の暮らしのなかで、道普請や水普請のようなコプロダクトは、必然的に行われる行為と言える。

アジアモンスーン地域のはずれに位置する日本と協働

　役場と住民が、一緒に汗を流す協働が、はるか以前から行われていたのは、日本が、アジアモンスーン地域のはずれに位置し、米をつくって暮らしてきたためである。アジアモンスーンに暮らす日本では、一緒に汗を流すのは当たり前のことである。

　海からインド大陸に向かって吹く湿った南西季節風とチベット高原の北で形成された乾いた空気の境目にできるのが梅雨前線である。また夏から秋にかけては、台風が何度も上陸する。その影響で、日本には、たくさんの雨が降る。

稲作には、大量の水が必要である。ところが、日本の河川は極めて急峻で、縦断面曲線で比較してみると、日本の河川はまるで滝のようである。つまり、何もしなければ、せっかく降った雨が、一気に海に流出してしまうことになる。

　そこで、日本では、自然に手を加えて、灌漑することによって、稲作を行ってきた。

　水の利用と管理ルールは、飢餓と直結し、人々の生死と関係するから、用水の配分方式は、強い規範として構成員を制約する。その貴重な水を村人同士で分かち合うための共同管理機能も発達させてきた。

　このようなムラの機能を維持・運営するため、村役場などの機関がつくられるが、この機関は、もともとは村人を管理するためでなく、村人を守るために存在する。だから、村役場が地域住民と力を合わせ、助け合って、地域にとって有用な活動を行うということが自然に生まれてきた。

　日本では、コプロダクションが、ずっと以前からあったというべきで、「協働」はアメリカから教わったものでも、輸入されたものでもないと言えるだろう。

［2］なぜ1990年代になって協働が生まれてきたのか

考えてみよう➡1990年代になって協働という言葉が生まれてくる。
その背景は、どのようなものだろう。

　新しいパラダイムが生まれてくる裏には、社会経済環境の変化がある。地方自治の仕組みは、1947（昭和22）年につくられるが、1990年代になると、制定当時とは状況が大きく変わったということである。これまでの地方自治の仕組みが制度疲労を起こし、その軋みのなかから、「協働」が生まれてくる。

◀1947（昭和22）年という時代（茅ヶ崎市）

　地方自治の基本法である地方自治法が公布されるのが、1947（昭和22）年4月17日である。

　1947（昭和22）年という時代は、どういう時代なのか。

　写真は、神奈川県茅ヶ崎市の銀座通り（エメロード）であるが、これを見ると、この当時の地方自治の役割がよくわかる。

　この時代、地方自治が、まず取り組むべきは、道路の整備（舗装や歩道）、建物の整備（耐震化等）、下水道やガスの整備といったインフラ整備である。

　この社会基盤の整備は、国が全国的な視点から、計画し、実施していくのが最も効率的・効果的である。地方は、その計画に基づいて、忠実に実施していくのが役割となる。

　地方自治の制度も、こうした時代背景を受けてつくられていく。地方自治法の条文は全部で473あるが、大半が行政と議会の規定である。つまり、インフラ整備を着実に実行していくには、専門家である行政と議会で決めていけばうまくいく。他方、市民の役割は限定的である。

昭和22年当時の銀座通り（現・エメロード）（茅ヶ崎市ホームページ）

また国と地方の関係は、垂直的統制関係になる。その具体化が地方分権改革以前にあった機関委任事務である。都道府県知事や市町村長は、国の機関（手足）として行動し、都道府県では７〜８割、市町村では３〜４割が機関委任事務であった。ここには協働という考え方は、生まれてこない。

　では、令和の時代はどうか。写真は、現在の銀座通り（エメロード）の様子である。

　道路は石畳になり、広い歩道がある。建物も堅固で耐火・耐震性が強化された。街燈や車止めはヨーロッパ調で、電線は地中化された。歩きやすく、景観も優れた商店街となった。ここで求められているのは、快適性、安全性、利便性である。

　では、こうしたまちの快適性、安全性は、だれが当事者となって守り、創っていくのか。国が一元的に指示する方式では実現できないし、行政だけでもできない。そこに暮らし、活動し、利用する市民の主体的参加が欠かせない。

現在のエメロード（小坂友梨恵氏提供）

◀ 1990年代という時代

　1990年代は、日本社会の大きな転換点である。

　1993（平成5）年には、一人あたりGDPで、日本はOECD諸国内3位となった。経済大国である。経済的豊かさが達成されると、国民のなかで、心の豊かさ、充実感といったもう1つの価値が重視されはじめるようになる。同時に、90年代初めに、バブル経済が崩壊する。以降、日本経済の低迷は続き、1998（平成10）年には、24年振りのマイナス成長を記録した。政府は、財政状況は逼迫するなか、新たな市民ニーズに対応していかなければならなくなった。

　自治体にとっても、90年代は大きな転換点である。

　それまでの政策課題であった大気汚染や水質汚濁等の公害問題が収束し、CO_2やフロンガスを機縁とする地球温暖化等の環境問題が広がった。環境問題の困難性は、その原因が日々の普通の暮らしから発生し、市民一人ひとりが、被害者であると同時に、環境悪化の原因者という点である。

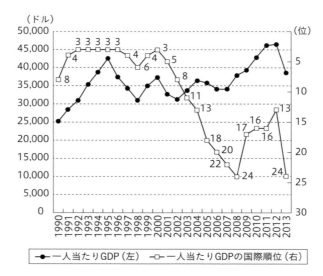

我が国の一人当たりGDPの金額と国際順位　（平成26年情報通信白書）

まちづくりも大きく変わる。従来の山林を開発してまちをつくる開発デベロッパー型が終焉し、修復型に変わる。修復型では、まちに暮らす住民等の参加、協力なくしては、まちづくりが進まない。その反面、困難性は倍加する。

　こうした新しい政策課題に対しては、従来の行政による税金を使った権力的、規制指導的な措置だけでは対応できない。政府以外の多様な担い手（市民、地域コミュニティ、ＮＰＯ等）の参加、市民等が持つ知識・経験、行動力といったパワーの活用、規制指導手法以外の誘導支援、普及啓発手法も導入しなければならない。これらパワーを掘り起こし、束ねて、社会的・公共的なエネルギーに転換するのが自治経営であるが、これが協働論の背景となっている。

◤ 阪神・淡路大震災が生み出したもの（神戸市）

　そうしたなかで起こったのが、1995（平成7）年1月の阪神・淡路大震災である。この大災害は、地域に未曾有の被害を及ぼしたが、反面、地域コミュニティやＮＰＯ、企業も、公共の担い手であることを認識させることになった。

　震災直後、私は神戸の街に行ったが、そこで見たのは、地震で潰れて身動きできない行政、その神戸の街で、生き生きと活動しているＮＰＯや自治会・町内会の人たちである。

　今、あらためて、地震直後の報道を読み直してみると、地震被害の広がりに呼応して、市民、企業による救援・復旧活動の広がりを確認できる。

　企業に関してみると、地震発生後、電力、ガス、建設などの会社では直ちに、専門家や応援作業員を送り込み、点検・応急対策に当たっている。多くの企業が、億あるいは千万単位の義援金を直ちに送ることを決めた。水や食料、嗜好品、医薬品などのさまざまな救援物資を各企業が、救援ルートを工夫しながら送っている。

　それに比べて、行政の動きはいかにも遅い。しかし、それは行政が怠慢

市民による炊き出し　阪神・淡路大震災「1.17の記録」（写真提供：神戸市）

だったからというわけではない。

　言うまでもなく、行政の行動原理は公平性である。そのため、サービス提供の水準は標準的になりやすく、そのときどきのニーズに応じたきめ細かなサービスは苦手である。また、行政の行動には社会的な合意が必要になる。そのため、コンセンサスづくりに時間がかかり、行動も後手にまわってしまう。

　そして、何よりも、行政の行動には経済的なインセンティブが働かない。企業ならば、企業イメージを考え、あるいは当面、または将来の利益を考えて迅速に動く。建設会社をはじめ多くの企業が、さまざまな経済的な動機を持ちながら、神戸に駆け付けている。

　以上のように、阪神・淡路大震災では、市民や企業も公共の担い手であることが、あらためて明らかになった。この市民、地域コミュニティ、ＮＰＯ、企業等の公共的役割やパワーを体系化・組織化して、より「豊かな」まちをつくっていくにはどうしたらいいのか、協働論の役割が問われることになった。

［3］協働の展開 —— NPOから見た協働

考えてみよう➡NPOが抱えている課題は何か

　阪神・淡路大震災のあった1995（平成7）年は、NPO元年と言われ、それまでほとんど知られていなかったNPOが注目されることになった。阪神・淡路大震災の現場では、自治会・町内会等の地域コミュニティが盛んに活動したが、社会の関心は、NPOに集まり、1998（平成10）年には特定非営利活動促進法（NPO法）が制定された。このNPOが協働を主導するようになるが、NPOの事情を反映した協働論となっていく。

◖NPOとは何か

　NPOとは、Non-Profit Organizationの略語で、非営利組織と直訳することができる。最近では、この言葉の認知度が高まってきたため、NPOというと一定のイメージが共有できるようになったが、NPOという言葉そのものは、Non-Profit（営利ではない）という否定的な表現にとどまっており、それ以上のことは、何も表現していない。

　それゆえ、言葉だけ見ると、たとえば自治体のような政府機関も、営利を目的としない組織であるから、これもNPOであるという議論になってしまう。NPOに注目する理由、NPOに期待する機能という点から、NPOを再定義する必要がある。

　従来は、公共領域は、政府が担うと考えられてきたわけであるが、現実を見ると、公共領域で活動しているセクターは、政府に限らず、企業、民間の非営利組織も活発に活動している。それが顕在化したのが1995年の阪神・淡路大震災であるが、要するに、NPO政策は、民間非営利組織が公共分野で重要な役割を果たしはじめていることに着目して、これを政策の対象としてとらえようとするものである。

　ここで注目するNPOとは、非営利性のほか、自発性、公益性、フォー

マル性（個々のボランティア活動とは違う）、自己統治・自主管理性を持つ民間団体をさす。

◀NPOが抱える課題

　NPOが、抱えている課題については、かなりの調査があり、論点はほぼ出そろっている。

　NPOの最大の悩みは、財政問題である。どの調査でも、繰り返し資金の不足や不安定さが報告されている。日常的な運営資金の不足のほか、新たな事業展開をしようする時には資金不足で踏み込めず、また、中小企業やベンチャービジネスに関する融資制度があるが、NPOの場合は、条件を満たさないといった課題がある。

　小規模NPOにとっては、事業収益や寄付金の比率が低い反面、行政からの補助金やその他の助成金の比率が高いが、支援が継続されるとは限らず不安定であり、また、行政の支援も単年度で、継続性がないといった不安がある。

◀NPOから見た協働

　NPOの人たちが、協働をリードしはじめるが、NPOにとって最大の関心事は、行政との対等性であり、NPOの最大の悩みは、財政問題である。

　そこから協働の意味が限定されはじめる。協働は、行政とNPOの関係が中心となる。行政と地域コミュニティ、地域コミュニティとNPOの間にも協働はあるが、軽視されることになる。

　また協働の内容は、財政問題となり、協働といえば委託・補助になっていく。最も有効で効果的な協働は、市民自身の責任と主体性によって独自に行う活動に対する「暖かなまなざし」、「励ましの言葉」であるが、こうした協働の手法も軽視されることになる。

　これはNPOから見た協働であるが、NPOには実践活動しているという強みもあり、自治体の協働政策は、NPOから見た協働論になっていく。

市民の責任と主体性によって独自に行う領域	市民と市との協働領域			市の責任と主体性によって独自に行う領域
	市民が主体となり、市が支援する領域	市民と市がそれぞれ主体的に連携・協力する領域	市が主体となり、市民の協力により行う領域	
基本的には非該当	・事業協力 （市民主催事業への市の協力） ・補助 ・後援・協賛	・共催 ・実行委員会・協議会	・委託 ・事業協力 （市主催の事業への市民の協力） ・政策形成過程への参画	基本的には非該当

※ 政治活動、選挙活動、宗教活動及び公益を害する活動は、行政が協働する領域から除かれます。
※網掛け部分は、活動における市民の関与の程度を示しています。

活動における市民と市の関係性－協働事業の領域－（府中市市民協働の推進に関する基本方針）

人材	活動拠点	情報	マネジメント
・人材の確保 （会員、スタッフ） ・人のネットワーク （参加者、専門家） ・人材育成 （リーダー、事務局）	・会議、研修の場所事務所スペースの不足 ・利用料負担が重い ・公的施設は使い勝手が悪い ・維持経費が負担	・情報発信、処理能力が不足 ・情報交流、ネットワーク機能が弱い ・情報センター機能が必要	・マネジメント能力技術の習得 ・事業の拡大によるアマチュア精神の変質 ・NPOにふさわしいマネジメント

資　金
・日常的な運営資金の不足（家賃・共益費、人件費、事務費、活動費、通信費等） ・新規活動資金の不足（融資制度） ・支援の不安定さ ・寄付を得るために、市民や財団の関心を引くテーマを選ぶ。行動する。

機能不全・弊害
●サービス上の問題　　　●政策提案・監視　　　●働く場・社会参加の場
・不安定的なサービス供給 ・標準化・効率性の進行（本来の持ち味が薄れてしまう）

ＮＰＯが抱えている課題

［4］言葉の広がりと他人事 —— 国語としての協働

考えてみよう➡国語辞典には、協働はどのように説明されているか

　協働という言葉が、それまでなかったわけではない。協働という用語自体は、一般的な漢字である「協」と「働」をつなぎ合わせてできた言葉であるため、かなり以前から、造語として使われていたようである（いくつかの自治体から、古い総合計画にこの言葉が載っていたという話を聞く）。ただ、協働が国語辞典に載るのは、2000年代以降である。国語辞典には、どのように解説されているのか。

◀ 国語辞典の意味

　ある概念が、一般にどのように理解されているかを調べる方法のひとつに、国語辞典を見る方法がある。

　専門的要素が強い政策課題と国語辞典はミスマッチのようにも見えるが、いくら精緻な概念も、市民が理解できないものでは、自治経営やまちづくりでは、役立たない。国語辞典は、その読者が専門家ではなく一般市民であり、また書き手も、その用語に関する専門家ではないということもあって、市民が、その用語をどのように理解しているか、理解水準を知る有力な手がかりとなる。

　三省堂「ことばのコラム」では、国語辞典の編纂者が、「三省堂国語辞典のすすめ　その24 共同・協同・協働。その違いは？」（飯間浩明、2008年7月16日）において、協働という言葉に、どのような意味をつけるか、その考えたプロセスを説明している。概要は次のとおりである。

　三省堂国語辞典第5版（2001年）には、協働という言葉はなかった。あったのは、次の2つである。

・共同　ふたり以上の人が力をあわせてすること
・協同　力をあわせること

第6版（2008年）で、協働を採用することになって、編集者は大いに悩むことになる。特に、共同との区別である。そこで、次のように語釈を改めた。

・共同　ふたり以上の人がいっしょに・する（使う）こと。
・協同　力をあわせること
・協働　同じ目的のために、力をあわせて働くこと

　共同は、「共同浴場」を例に意味を考えたという。共同浴場では、力をあわせず、一緒に使うだけである。確かにそうとも言えるが、「共同研究」では、力をあわせることもある。

　他方、協同と協働は、同じ「力をあわせる」であるが、協働では、体を動かして物事にあたるという意味が、振り分けられている。「働く」ことは、汗を流すことであるから、協働は、目標達成のために、協力しながら一緒に汗を流すという意味になる。

◗ 学校と協働

　自治体の次に、協働を取り入れていたのが学校である。学校には子どもがいて、みんなで協力しあうことの意義がリアルに感じられる空間である。協働は、①学校と地域、②学校内部の子ども学習や学級経営において、取り入れられようになった。

　学校教育の分野においても、従来の超越的な学校から、開かれた学校づくり、そして、地域とともにある学校へと展開してきたが、そのコンセプトが協働である。

　中央教育審議会の地域学校協働答申（新しい時代の教育や地方創生の実現に向けた学校と地域の連携・協働の在り方と今後の推進方策について　2015年12月21日）では、地域と学校の目指すべき方向性として、「地域とともにある学校」「子供も大人も学び合い育ち合う教育体制の構築」「学校を核とした地域づくりの推進」の３つが示されたが、その中核的な概念が、地域学校協働活動であり、「地域と学校が連携・協働して、地域全体で未来を担う子供た

ちの成長を支えていくそれぞれの活動を合わせて総称したもの」が地域学校協働活動である。

2020年からの新学習指導要領では、「よりよい学校教育を通じてよりよい社会を創る」という理念を学校と社会が共有し、社会と連携・協働しながら未来の創り手となるために必要な資質・能力を育むことの重要性が確認され、「この理念の実現に向けては、組織的・継続的に地域と学校が連携・協働していくことが大変重要といえます」としている。

他方、児童・生徒の学びの分野でも、協働の考え方が広く取り入れられている。

児童・生徒が、多様な他者と協働することの重要性などを実感しながら理解することができるよう、学習も「各教科等の特質に応じた体験活動を重視し、家庭や地域社会と連携しつつ体系的・継続的に実施できるよう工夫すること」とされている。

具体的には、「協働的な学び」として、教師からの一斉授業ではなく、児童・生徒が小グループをつくって意見交換する、ホワイトボードや付箋などを使って学ぶこと、先生が説明するのではなく、生徒・学生たちが、それぞれ役割を決めて発表するなどが例示されている。

ここで使われている協働概念は、一緒に活動するという意味の協働であるが、教育の場において、協働をコプロダクションとした影響は大きく、それが自治経営やまちづくりに逆流し、さらには、社会全体に広がるなかで、協働が国語辞典にも登載され、その意味が、「同じ目的のために、力をあわせて働くこと」とされるようになっていった。

ただ、教育の本質から協働を考えれば、パートナーシップとしての協働こそが重要であることは容易にわかるので、早晩、コプロダクションとしての協働だけでは行きづまる。現に、地域学校協働本部などにおいて、学校は苦闘しているが、教育・学校の領域でも、協働とは何なのか基本にさかのぼって、協働を再構築していく必要があるだろう。

◖協働は協働推進課の仕事

　協働が市民・ＮＰＯと一緒に汗を流すということになることで、自治体では、協働は協働推進課など一部の課の仕事であると考えられるようになった。わが係では市民・ＮＰＯとの付き合いがないから、協働は関係ないと思うようになったのである。ＮＰＯ、協働と聞けば、すぐに協働推進課へ回すということが行われている。

　これは市民も同じである。協働といえば、一部の（役所と仲のよい）市民・ＮＰＯがやることで、役所とは一緒に仕事をしない自分たちは、協働とは関係ないと考えるようになってしまった。

　協働は大事と言われる割には、実際には多くの人にとって協働は他人事となってしまった。

［5］協働の意義 ── 再確認

考えてみよう➡繰り返しになるが、重要なことなので再確認しておこう。協働とは何か。協働を定義してみよう。

　協働は英訳のパートナーシップ（partnership）から考えるのが、一番わかりやすい。行政と市民は、まちづくりの主体であり、パートナーである。そこから、協働の意義を復唱してほしい。

◖協働の定義（自治経営のパラダイム）

　協働の意義を国語的に理解して、「一緒に汗を流すこと」と考えると、協働の意義を半分しか生かせない。ＮＰＯの立場から、協働を考えると、委託、補助に矮小化されてしまう。協働を政策論から考える必要がある。

　協働概念の核となるのは、「行政とともに市民（地域コミュニティ、ＮＰＯ等も含む広い意味）も公共の担い手であり、それぞれの得意分野で存分に力を

発揮すること」である。

　協働の目標は、自治の実現、つまり、市民や地域が抱える課題を解決して、市民一人ひとりが幸せに暮らせる社会を実現することである。

　協働の目標達成には、行政と市民が同じ公共主体として、両者が一緒に活動したほうが、効果的・効率的な場合もあるし（一緒にやる協働）、一緒には活動しない（時と場所を同じくしない）ほうが、目標達成に有効な場合もある（一緒にやらない協働）。後者の場合も、「公共を担っている」から協働である（政策用語としての協働）。

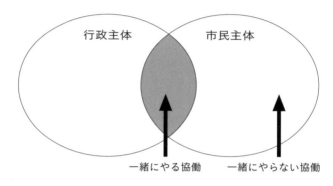

２つの協働（筆者作成）

◀ 協働政策の概要

市民が公共の主体だと言えるためには、市民自身が自立（自律）していることが前提で、公共主体としての責任も求められる（市民の公共性）。同じ公共の担い手として、両者の信頼関係も重要である。

したがって、自治体の協働政策は、公共の担い手としての市民の自立（自律）性を高め、それぞれの得意分野で存分に力を発揮できるようにすることになる。

協働政策の具体的施策としては、①補助、委託、後援等の直接的な支援策のほか、②間接的な支援策が含まれる。間接支援には、ⅰ．広報、PR等の協働活動支援、ⅱ．情報、場所、機会の提供などの条件整備、ⅲ．逃げない姿勢、励まし、温かいまなざしなどといったソフトで間接的な支援策も含まれる。このうち、最大の協働施策は、励まし、温かなまなざしだと思う。

直接的・具体的な協働活動
・委託、補助、共催、後援、事業協力、
　仲介・調整

間接的・支援的な協働活動
・協働活動支援：調査研究、広報・PR、相談、学習・研修、交流・連携、情報提供・
　情報公開の実施、人材の育成、税制上の措置、公の財産の提供
・条件整備：活動拠点の整備、情報公開、情報提供・情報交換の場や機会、市業務へ
　の参入機会、市民参加・参画手続の制度化（審議会、パブリック・コメント、公聴会、説明会、
　アンケート、ワークショップ等）
・ソフトで間接的な支援：励まし、温かいまなざし、逃げない姿勢

一緒にやる協働　　　　　　　　一緒にやらない協働　　　　　➡

協働の体系

②協働の内容

[1] 参加と協働は生まれも育ちも違う

考えてみよう➡参加と協働は、どう違うか。
同じなら、新たな概念をつくる必要がない。

　協働と似ている言葉に、参加、参画がある。同じ意味ならば、違う概念をつくる必要がないので、それぞれ違う意味があるということである。参加・参画と協働はどう違うか。それぞれの生まれ、育ちにさかのぼって、言葉の意味を考えてみよう。

◀両者の違い

　参加は、200年以上の歴史を持つ概念である。1789年のフランス革命で、国王の国を打倒して、市民は自分たちの国をつくるが、国の経営は代表者に委ね、その代わりに、政府を自分たちの政府にするために、政府をコントロールする権利として、参加権が保障される。この国家の理論を地方に当てはめて、市民が自治体政府をコントロールして、市民のものとするための権利が参加権である。

　ちなみに1990年代以降、参加に加えて参画という言葉が使われるようになった。一般に参加は、行政の決定に市民が加わっていくなかで、形式的に加わることで、それに対して、最初の計画・企画の段階から実質的に加わるのが参画とされる。ただ、参加・参画とも、政府を市民のものにするための権利である点では違いがない。

　これに対して、協働は1990年代に入って生まれた概念である。地方自治の諸課題は、地域住民の協力や主体的取組みなしには解決できない。地方

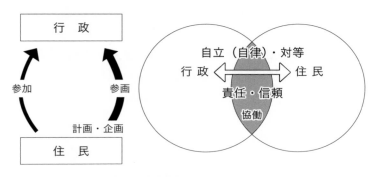

参加、参画、協働との違い（筆者作成）

　自治では、公共は自治体政府だけが担っているのではなく、市民（地域活動団体、ＮＰＯ、企業）も担っている。また人口減少、少子高齢化のなかにあって、税収はますます減っていくが、政府だけが公共を担っていては、どんどんジリ貧になるばかりである。市民も公共の担い手としてきちんと位置づけて、大いに力を発してもらおうというのが協働論である。

　行政は税金で、市民は知識、経験、行動力で、公共を担っていくのが協働である。ともに公共を担うから協働である。同じ公共の担い手として、役所と市民が一緒に汗をかくこともあるし（一緒にやる協働）、それぞれ個別に活動すること（一緒にやらない協働）もある（28ページ）。

◖ 理論の違い─参加・協働

　参加の理論が信託論である。信託論とは、市民が政府の創造主であって、その持てる権利を自治体政府に信託しているという考え方である。信託論に立てば、自治体は市民の政府であるという意味が明確になるとともに、市民参加は、市民の政府を担保する基本的な制度ということになり、その権利性が明確になる。

　これに対して、協働の理論は、新しい公共論である。今日のように、経済社会が成熟し、価値観が多様化してくると、市民から信託された自治体

（行政、議会）による一元的な決定だけでは、市民ニーズに応じた自治経営ができなくなってくる。そこで、自治会・町内会等の地域コミュニティ、ＮＰＯ等の民間セクターを公共主体として位置づけ、多元的な公共主体による多様なサービス提供によって、豊かな社会を実現していこうという考え方が、新しい公共論である。この新しい公共論の具体化が、協働である。

◖「参画のはしご」と協働

　参画のはしごについては、シェリー・アーンステイン（Sherry Arnstein）は、①世論操作、②緊張緩和、③情報提供、④意見聴取、⑤宥和、⑥パートナーシップ、⑦権限委任、⑧市民のコントロールの8段階に分けている。協働は6番目で、最上位は市民による自主管理である。

　これに対して、ロジャー・ハート（Roger Hart）の「子どもの参画のはしご」では、最上位は協働である。コミュニティは、子どもと大人で構成されていることから、子どもが大人と協力して課題解決に向かうということが理想だからである。

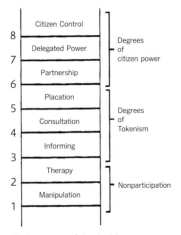

Eight rungs of the ladder
of citizen participation

シェリー・アーンステイン（参画のはしご）
8　市民のコントロール（市民による自主管理）
7　権限委任（行政が持つ権限を市民に委譲）
6　パートナーシップ（住民と行政がともに問題解決する）
5　宥和（意見は聴くが、やりやすいことだけ採用する）
4　表面的意見聴取（耳を傾ける場をつくる）
3　情報提供（行政からの一方的な情報提供）
2　緊張緩和（行政からの一方的なセラピー）
1　世論操作（行政主導の説得型）

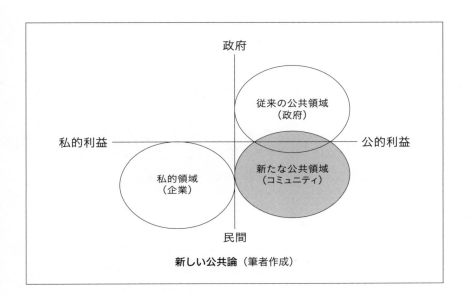

新しい公共論（筆者作成）

	ロジャー・ハート（子どもの参画のはしご）
8	子どもが主体的に取りかかり、大人と一緒に決定する
7	子どもが主体的に取りかかり、子どもが指揮する
6	大人がしかけ、子どもと一緒に決定する
5	子どもが大人から意見を求められ、情報を与えられている
4	子どもは仕事を割り当てられるが、情報は与えられている
3	形式的参画（形式的には参画しているが、自分の意見をいう機会がない）
2	お飾り参画（子どもが関わっていることをほとんど理解していない）
1	操り参画（大人が自分の言いたいことを子どもに言わせる）

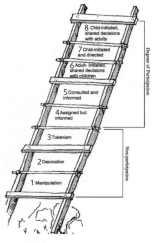

The Ladder of Participation

［2］多元的な公共主体

考えてみよう➡行政、企業、自治会・町内会やＮＰＯの違いは何か。
その違いは、どこから来ているのか。

　国や地方自治体などの公的機関、企業、自治会・町内会やＮＰＯ等の
コミュニティ、企業は、それぞれ、ミッション、行動原理、活動資金、活
動上の制約等が違っている。その違いは、どこから来るのだろうか。

◀社会活動の担い手・３つのセクター

　社会活動の担い手は、大別すると３つのセクターに分けることができる。

　第一セクターは、国や地方自治体などの公的機関（Ⅰの領域）である。税
を主な財源として、国民の福利増進などの公共活動が直接の目的である。

　この第一セクターの行動原理となるのが公平性・公正性である（税を主な
財源とするため）。それゆえ安定的で平均的なサービス提供ができるといった
強みがあるが、反面、柔軟で機動性に富んだサービス提供が弱点となって
くる。

　第二セクターは企業（Ⅱの領域）である。企業は一義的には利潤追求が目
的であるが、製品の供給や雇用の促進を通して、さらには企業自体の社会
貢献活動等を通して、社会的活動を担っている。

　この第二セクターの行動原理は、利潤追求である。したがって、利益に
つながれば、機動性に富んだサービス提供が行われるが、利潤追求になら
なければサービス提供は行われない。それゆえ、安定的・継続的なサービ
ス提供という点では難点がある。

　そして、第三セクターが、自治会・町内会、ＮＰＯ等のコミュニティ（Ⅲ
の領域）である。図表からもわかるように、第一セクターのような公的機
関ではなく民間であること、また、第二セクターのように利潤追求をせず、
もっぱら公共活動等を行うもので、第一セクターにも、第二セクターにも

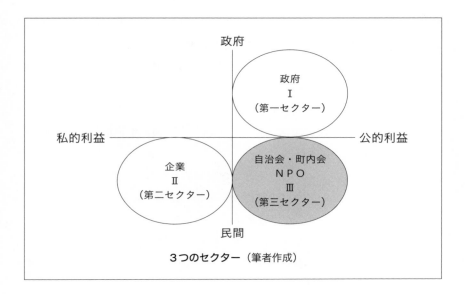

図中:

政府

政府
Ⅰ
（第一セクター）

私的利益 ——————————— 公的利益

企業
Ⅱ
（第二セクター）

自治会・町内会
ＮＰＯ
Ⅲ
（第三セクター）

民間

３つのセクター（筆者作成）

属さない第三番目のセクターである。

　第三セクターの活動は、民間の自発性に基づく非営利の活動である。それゆえ、政府のように形式的な公平性や手続的な公正さにとらわれず、また企業のように利潤の追求を考えずに、自分たちとって関心があり、重要と考えた分野にサービス提供ができる。第三クターは、政府や企業も手を出せない独自領域を持っている。

◖コミュニティの政策提案機能

　新しい公共論によれば、自治会、町内会やＮＰＯも公共の担い手であるから、政策提案もできることになる。その強みは、次のとおりである。

　第一は、コミュニティは、自分たちの関心があるテーマに自由に取り組むことできるという点である。

　これに対して、政府もＮＰＯに負けずに、先駆的・先進的なテーマに積極的に取り組むべきという意見もあるが、政府の行動原理は、「全体の合意を取りつつ、一定の手続を踏みながら」であるから、これは言うほど簡単

なことではない。「貴重な税金を勝手なテーマのために使わないでほしい」という納税者市民の声を乗り越えることは簡単ではないからである。

　第二に、コミュニティの政策提案には、実践の裏付けがあるものが多いからである。

　コミュニティは、自分たちの関心があるテーマに取り組んでいることから、その提案は、地域の事情に精通しており、問題点を把握している場合があるから説得力がある。

　第三に、コミュニティには市民的な背景があるからである。

　政府にとっては、その存立の基盤である市民からの提案であることから、無視できないくらいの大きな影響力を持っている。

　このコミュニティの政策提案は、政府の政策提案にとっても有用である。

① このコミュニティの活動に注目することで、今後、取り組むべき政策課題を容易に発見できる。

② 政策づくり以外の政策実施についても、コミュニティの持つ人的資源や情報が、自治体やコミュニティの政策実施に役立つことになる。

③ また、政策評価についても、コミュニティは有力な情報源となる。一般に政策の問題点は、当事者には発見しにくく、また、発見しても組織内部から、是正することは難しい。コミュニティからの指摘によって、政策の見直しができるからである。

　このコミュニティからの政策提案は、政府の政策づくりの妨げになると感じるむきもあるが、実際には対案が出されることで、より緻密な検討が行われて、結果的に内容が充実する場合が多くある。このコミュニティの政策提案機能を政策づくりに活かす姿勢が必要であろう。

◀ 公共主体としての自治会 （相模原市南区）

　「政策課題は事務室で起こっているのではなく、現場で起こっている」。そのひとつの例が空き家問題である。

　相模原市南区翠ヶ丘自治会は、小田急相模原駅の南側および東林間駅の

西側に位置し、交通の利便性の良さから、昭和30年代以降に急速な宅地化が進み、現在では約2000世帯を有する大きな自治会である。

　開発から50年以上を経過していることから、少しずつ空き家が目立つようになり、現在までに把握している空き家は、およそ20軒に上る。もちろん、適正に管理されていれば問題はないし、多くの場合は相続などをきっかけに新たな土地利用がなされるが、草木が生い茂り、地域の防災・防犯上の観点から見過ごせない状態になる空き家も数軒はあるという。この自治会では過去に2軒の空き家問題を解決しているが、その1つを紹介したい。

　自治会長が最初の相談を受けたのは、2004（平成16）年ころである。近隣住民から、古いアパートが放置されていて、不審者の出入りや火事が心配と相談があった。

　早速、会長さんは、行政や警察などへ相談するが、当時のことで、なかなか埒が明かない。そこで、会長さんたちは、自分で登記簿を取り、所有者を確認し、さらには早朝から自家用車に分乗し、数10km離れた所有者のところまで行って、お願いに及んだという（2008（平成20）年9月）。

　この会長たちの熱意が通じたのか、相手も理解してくれ、その土地を不動産屋に売却することになった。そして、交渉の翌月にはアパートは取り壊され、整地され駐車場となった。

　これはたまたま私が知った一例にすぎないが、地域には、こうした取り組みがいくつもあるのだろう。

　この南区翠ヶ丘自治会の取り組みから、自治体が学ぶべきことも多いが、南区翠ヶ丘地区で、この問題が発生したのは、2004（平成16）年である。これに対して、最初に埼玉県所沢市で空き家条例ができるのが2010（平成22）年であるから、かなりのタイムラグがあるということである。つまり、政策課題は事務室で起こっているのではなく、まず地域で現れる。この地域の変調は、新たな政策課題の発生の予兆であるので、アンテナを伸ばしておけば、早めの対応策をとることができる。

◀ 公共主体としての区民会議 （相模原市南区）

　指定都市の行政区には、区民の代表者を集めた区民会議が置かれる場合が多い。

　区民会議の位置づけは、自治体ごとにさまざまで、区民会議を行政の下部組織的に位置づけるものから、区民による自治的な会議に純化して行政と切り離すものまで幅がある。

　相模原市の区民会議は附属機関で、市長の諮問に対する答申を行うのがもともとの制度趣旨であるが、相模原市南区区民会議が重視しているのは、地域からの政策提案機能である。地域課題が自治体の政策になるには、時間差、タイムラグがあるが、それを地域側から埋める役割である。

　これまで、区民会議が取り組んだものに、「若い世代のまちづくりへの参画促進を図るための事業」（2012年7月〜2016年7月）、「世代間交流促進のための仕組みづくり」（2016年7月〜2018年7月）がある。

　これら政策は、早晩、自治体の重要政策になっていくが、当時は、どこの自治体でも取り組んでいない先駆的なものであった。

　これら政策を具体化するために南区区民会議が取り組んだ事業は、
・若者参加プロジェクト実行委員会の立ち上げ
・More 輝区〜南区アイディアコンペの開催
・まちづくりのトリセツの発行
・世代間交流を促進するためのリーダーの育成事業の実施
・働く世代・子育て世代の地域活動に対する考え方のアンケート調査の実施
・「高校生未来討議会〜南区パーティー〜」などを開催
・南区流ファシリテートスキル作成
　等がある。

　このうち、若者参加プロジェクト実行委員会（若プロ）は、区民会議の惑星型組織として、区民会議と連携を保ちながら、若い世代のまちづくりの参画促進を図るための多くの事業を企画・実施している。南区区民会議の活動には、欠かせない組織に成長した。

［3］一緒にやる協働・チームで立ち向かう

考えてみよう➡市民から、なぜ一緒にやるのですかと聞かれたら、何と答えますか。

　役所にお金がないから、人が少ないからと答えたら、「それは役所の事情でしょ」と言われてしまう。なぜ一緒にやるのだろう。

◀一緒にやる協働の意味

　一緒にやる協働では、協働の意義を役所側の都合だけで考えないことである。つまり、役所に金がないから、人手が不足しているから、協働するというのでは、協働は長続きしない。協働が成功するには、双方に協働のメリットがあるという「実利」、一緒に行っている協働が明るい未来につながっているという「展望」があることが成功の最低条件である。どちらかの一人勝ちであったり、未来への展望のない協働では長続きしない。

　『仙台協働本─協働を成功させる手引き─』では、協働のメリットとして、「異質な主体が互いに不足する部分を補い合ったり協力し合ったりすることで、個々に取り組んだ結果得られる効果以上の効果を得ることができること」としている。

　具体的には、次のような効果が期待される。
○行政にとっては、行政の限界を補えることができること
　・新しい公共政策につながる
　・市民ニーズを詳細・的確に把握できる
　・事業の実効性が向上する
○市民にとっては、市民の限界を補えることができること
　・提案や社会実験をしてきたことが公共政策化されることで多数の人々を対象とすることができる

・活動資金や信用を得ることができる

・効果的な活動ができる

　要するに、協働することが目的なのではなく、協働はあくまでも手段である。協働の目的は、それぞれのセクターが、それぞれのよさを持ち寄って、事業が効率的・効果的に進められること、あるいは、より高度な事業の目的が達成される等の成果を目指すことが重要である。言い換えると、1＋1を3にすることが一緒にやる協働の意義である。

　実際は、1と1がぶつかり合って、不信感だけが残ったというケースも珍しくない。そこで、一緒にやる協働では、一緒にうまくやるにはどうしたらよいかが施策の中心となってくる。本書の第2章では、一緒にやる協働の成功条件を詳しく論じている。

◀財政が豊かになっても協働はする

　もう1つ、市民からは、自治体は金がないから協働などと言いはじめたのではないかと疑われている。結局、市民を安い下請けにするのではないかという疑問である。

　確かに、自治体財政が厳しく、それゆえ協働が注目されたという側面は否定できないが、協働は、そんなご都合主義的なものではなく、より本質的な自治のパラダイムである。

　後から詳しく述べるが、地方自治の究極の目的は、憲法第13条に規定する個人が尊重される社会の実現にある。「尊重」の意味は、市民一人ひとりの個性や能力を存分に発揮することであるが、その理論が協働である。行政の財政が厳しくなったから協働を行うものではなく、一人ひとりの価値を大事にするのが協働である。もし税収が上向き、自治体の財政状況が好転してお金持ちになっても、協働は行うものである。

◀ 一緒にやる協働の形態

　一般に協働の形態には、後援、実行委員会、事業協力、共催、委託、補助などがある。これらは、一緒に活動する協働に焦点を当てた協働形態で、協働を行政と市民（特にNPO）との契約関係から論じる立場とも言える。

後援	行政の名義を貸す。信用が増す
実行委員会	行政とNPOとともに参加する実行委員会等によって事業が執行
事業協力	一定の期間、人材・情報・ノウハウを提供し合いながら協力して事業を行う
共催	行政、NPOがそれぞれ主催者となって事業を実施
委託	行政が本来行うべき業務をNPOに委託
補助	NPOが行う事業に対して、補助金等を交付

一緒にやる協働の形態（筆者作成）

◀ 地域活動団体と市民活動団体の協働もある（岡山市協働のまちづくり条例）

　協働の目的が、市民（地域コミュニティ、NPO等も含む広い意味）をもう1つの公共主体を育てることにあることが明確になると、協働政策の対象は、NPOには限らなくなる。地域ではむしろ、自治会・町内会等の地域コミュニティのほうが、まちづくりでは大きな存在である。

　岡山市協働のまちづくり条例では、多様な主体という概念をつくり、住民組織、NPO、事業者、学校等、地域の社会課題解決に取り組む個人及び団体等のすべての市民と行政が、これに当てはまるとしている（第2条）。ちなみに、岡山市の条例は、現時点で最も優れた条例で、この条例には、①地域拠点・地域コーディネート機能整備、②人材育成、③団体育成支援、④多様な主体からの情報発信・情報提供、⑤多様な主体間での交流機会の提供、⑥すぐれた取組の表彰、⑦協働事業へ支援措置、⑧土地・施設等無償貸与、⑨コーディネート機関の設置等が規定されている。

　また公共セクター間における対等性・関係性を重視すると、行政とNPO、あるいは地域コミュニティとの協働だけに限らず、NPO間、NPO

と地域コミュニティとの間にも協働があることになる。

　大災害が起こった場合を考えてみよう。

　災害発生直後（直後〜1週間）は、救助・救援のためのNPOが駆けつけてきて、地域コミュニティとの協働が行われる。

　次の生活支援期（1週間〜1か月程度）では、被災者住民の生活支援、避難所生活の安定化（慢性疾患、精神衛生、避難所の環境への配慮）、そして被災者の自立支援のためのNPOがやってきて、地域コミュニティとの協働が行われる。

　1か月以降になると、被災者の自立や生活再建のために、地域に根を下ろしたNPOと地域コミュニティとの協働が行われる。

　相手は変わりながらも、NPOと地域コミュニティとの協働が行われる。

時期区分	中心的な課題
災害発生直後 （直後〜1週間）	地域内での緊急的な助け合い 人命救助・安全確保が最優先 被害は、高齢者・障がい者、情報弱者に集中
生活支援期 （1週間〜1か月程度）	地域とNPOとの連携による支援 被災者住民の生活支援 避難所生活の安定化（慢性疾患、精神衛生、避難所の環境への配慮）
再建・復興期 （1か月以降）	地域とNPOとの連携による支援 被災者の自立と生活の再建 個別ニーズに対応した活動 地域に根を下ろした活動
委託	行政が本来行うべき業務をNPOに委託
補助	NPOが行う事業に対して、補助金等を交付

地域とNPOの協働 —大震災を例に—（筆者作成）

［4］一緒にやらない協働・
公共主体の独自の取り組みを後押しする

考えてみよう➡一緒にやらない協働とは何か。
なぜ、一緒にやらないのに協働なのか。

　一緒にやらない協働とは、言葉として、何か矛盾しているようにも感じるだろう。なぜ、一緒にやらないのに協働なのか。

◗一緒にやらない協働の意味

　政府とともに市民も公共を担っていくことが協働であるとすると、時と場所を同じくしないけれども、「ともに」まちをつくっている場合も協働にあたる。だから「一緒にやらない協働」である。それぞれの公共主体が公共利益を目的として、自らの得意分野において、主体的に、自立して、責任を持って活動すれば、協働である。

　一緒にやらない協働では、市民が、主体・対等・自立・責任・信頼関係を持って、元気で活動するにはどうしたらよいのか、そのために行政は何をすべきなのかが施策の中身になってくる。

① 市民の協働活動支援

　　調査研究、広報・ＰＲ、相談、学習・研修、交流・連携、情報提供・情報公開の実施、人材の育成、税制上の措置、公の財産の提供など

② 条件整備

　　活動拠点の整備、情報公開・情報提供・情報交換の場や機会、市業務への参入機会、市民参加・参画手続の制度化（審議会、パブリック・コメント、公聴会、説明会、アンケート、ワークショップ）など

③ 励まし、温かいまなざし、逃げない姿勢

　　行政側の困難だけれども断固やりぬく姿勢、市民にやらせるだけやらせて逃げない姿勢、温かいまなざし、励ましの言葉などといったソフトで

間接的な支援策も、市民が存分に活動できる元気のもとになるものならば、これも協働である。

◖協働は、だれにでも、どこにでもある（横浜市水道局・山梨県道志村）

協働を一緒に汗を流すことに限定すると、多くの課・係では、ＮＰＯやボランティアと一緒に汗を流す場面がないから、協働は関係ないということになってしまう。協働は、協働推進課だけの仕事になってしまう。

しかし、一緒にやらない協働も協働と考えると、自治体の仕事で、市民が活動していない政策分野はほとんどないから、協働は全課・全係の仕事となる。

筆者の横浜市職員時代最後の仕事は、水道局であったが、水道は公営企業で、いわば水を売る商売なので、市民協働とは無縁のように見えるが、実はそうではない。

横浜市の水道水源は、山梨県の道志村にもあり、そこに立派な水源林を持っていたが、この水源林の保全活動をしている人たちがいるのである。私は、その人たちとは会ったことはないし、一緒に活動するわけではないが、彼らは、水源林の保護という公共的な活動を行っている。

これを応援・後押しするのが協働であるが、そこで私は、鍬や鋤など足りない道具があるのかと聞くと（一緒にやる協働）、困っていないという。その場合、私が行うのは、ありがとうという感謝の言葉、温かいまなざしである（一緒にやらない協働）。それで彼らの元気が出て、公共活動が後押しされれば、立派な協働活動である。

温かなまなざしも協働であると考えると、自治体のなかで協働がないセクションはないことになる。協働は全課、全係のこととなる。

◖公共性の熟成機能

行政は、市民の税金で動く組織なので、その行動原理は、公平・公正である。つまり、行政は市民の合意がないと動けないという限界を持ってい

る。公平、公正が行政の強みでもあるが、新しい市民ニーズには対応できず、対応が常に後手に回る理由でもある。

これに対して、市民は、自己資金で動くので、自分たちが大事だと思ったことをそのまま実行できる。それゆえ行政の領域外で、さまざまな活動ができる。

この市民の活動のうち、公共性が高まってくると、行政が取り組むべき政策課題に昇華されていく。「公共性の熟成」であるが、こうした公共性の揺籃とでもいうべき活動がふんだんにあることが、豊かな社会をつくる源泉になる。

最近では、同性パートナーシップ制度がその適例である。この制度は、一定の要件を備えた同性のカップルに対し、カップルであることの宣誓書や公正証書の受理等によって、パートナーシップ関係を証明、確認する制度である。これは市民の間で、同性婚あるいは同性愛者のカップルに対する理解が広がるなかで、公共性が熟成し、行政が取り組むべき政策課題になり、制度化されたものである。

◀ 新しい公共活動の素材を後押しする・DVの相談事例から

公共性の熟成のもうひとつの例として、私が体験したドメスティックバイオレンス（DV）の相談事例を紹介しよう。

1990年代の初めのころ、DVのシェルター活動をはじめた女性たちから、財政支援してほしいと相談を受けた。何とかできないか悩んだが、結局、断ることにした。当時、DVは個人的なこと、家庭内のことと考えられていたので、行政の政策課題にはなっていかないからである。行政は、みんなのことでなければできない組織だからである。

そんな事情を話し、ただ「いつでも相談に来てほしい」「困ったことがあったらいつでも寄ってほしい」と声をかけると、わかったと言って、彼女たちは帰っていった。そして、自分たちで、シェルターの事業に取り組みはじめるのである。市民・NPOの行動原理は、自分たちの関心である

から、自分たちが大事だと思ったら取り組むことができる。

　そして、彼女たちと同じような問題意識を持った市民・ＮＰＯが、全国のあちこちで同じような活動をはじめる。それがどんどん広がり、積み重なっていくと、社会全体の関心事になり、行政の土俵に入ってくる。「公共性の熟成」である。そして今ではＤＶは、行政の施策になっている。

　むろん、行政の土俵外の活動のうち、公共性を結実できずに、自分たちだけの問題に終わるものもあるが、市民の共感を得れば、公共課題となって政府の政策対象になっていく。もし、こうした行政の土俵内の活動がなかったら、行政は、新たな市民ニーズを発見できず、行政の施策は、手遅れ、後手に回ってしまう。こうした、もうひとつの公共がある社会が、豊かな社会と言える。

　この例でもわかるように、初期にＤＶ活動をした市民・ＮＰＯは、行政と一緒に汗を流したわけではない。自分たちだけで汗を流したのである。行政がしたのは、せいぜい情報の提供、そして温かな励ましといった一緒にやらない協働である。このように市民の力を育み、活かすことが、協働の意義である。

◗ 余談・仕事のコツ

　余談になるが、ここに仕事のコツがあるので紹介しよう。私は、横浜市在職中は、いつも全国初を目指せと言われたが、そのコツのひとつが、ＤＶで見たような市民・ＮＰＯの活動に注目することである。市民・ＮＰＯの活動には、先駆的な活動があるから、それに注目すれば、全国初のタネがある。

　ただ、それにもコツがある。市民・ＮＰＯの活動が、まだ少ししかなく、公共性が熟成していないときに、政策として取り上げても、課長から何を考えているのかと言われて終わりである。

　逆に、市民・ＮＰＯの活動が、すでにたくさん行われて、公共性が熟しすぎたときに政策に取り上げても、このときは、すでに隣の川崎市に先を

越されてしまっている。

　タイミングは、ある程度の市民・ＮＰＯの活動が生まれてきて、公共性の世界に入ってきた、ちょうどそのときである。このときをつかまえて、政策として取り上げるのがコツである。

　では、新しい政策が、公共性の世界に入るタイミングは、どのように見極めるかであるが、これは簡単である。相談した部長が、首をひねりながら、「まあ、いいか」と言ったときが、このタイミングである。

◀ 役所の全課・全職場での仕事改革

　自治体の仕事で、市民の活動を励まし、後押しない仕事はない。このように考えると、協働がない職場はない。協働は、全課・全職員で取り組むテーマである。

　管理部門である総務部だって協働がある。

　たとえば、人事課は市民の力を引き出せるような職員を採用し、養成しなければいけない。そのために、人事課でも、取り組むべきことはいくつもある。たとえば、採用時に行う宣誓書は、今日、自治体が期待する職員像が示されていなければいけないが、1951（昭和26）年に地方公務員法が制定され、その当時のままの職員像になっている（下に宣誓書の例を示した。全国の自治体とも、一言一句、ほぼ同じである）。協働時代なので、それにふさわしい宣誓条例（宣誓書）の見直しも必要になるだろう（例に示した宣誓書を協働の推進という観点から、書き直してほしい）。

　同じ総務部門の法規担当が行う条例改正等の法規事務も、市民が力を出せるようにはなっていない。協働という観点から、見直すべきこともたくさんある。

　財政課にも協働がある。

　それぞれの協働については、松下啓一『協働が変える役所の仕事・自治の未来—市民が存分に力を発揮する社会』（萌書房・2013年）に詳しく書いた。

これらを参考にして、どうすれば、市民の活動を励まし、後押しできるか、あらためて考え直し、全課、全職場で、協働に基づく仕事改革をはじめてほしい。

様式第1号

宣　誓　書

　私は、ここに、主権が国民に存することを認める日本国憲法を尊重し、かつ擁護することを固く誓います。
　私は、地方自治の本旨を体するとともに公務を民主的かつ能率的に運営すべき責務を深く自覚し、全体の奉仕者として誠実かつ公正に職務を執行することを固く誓います。

　　　　　年　　　月　　　日

　　　　　　　　　（署名）　　　　　　　　　印

この宣誓書を協働時代にふさわしく書き直してみよう

［5］協働の課題

考えてみよう➡協働の課題を出してみよう。グループでやるとたくさん出てくる。

　相手がいるという点で、協働の課題は多く、その解決も容易ではない。行政側、市民側の両面から、日ごろの感じている課題、悩みを挙げてみよう。

◖協働が大事とは言っても、しょせんは他人事

　協働は、相手と一緒に活動することと理解すると、一緒に活動しない自分たちは協働とは関係ないということになる。

《行政側の課題・悩み》
- ・協働は協働担当の仕事と思われている。協働と名がつけば、すぐに協働担当に回される。自治体をあげて、協働、協働と言うけれど、多くの職場では、実は自分たちとは関係ないと思っている
- ・所管の部署は積極的に関わったとしても、関連部署は消極的で協力が得られないことが多い
- ・協働事業提案も、いつも同じ団体、特定の市民からのものばかりになる

《市民側の課題・悩み》
- ・市民も、協働は自分とは関係ないと思っている。協働は、役所と仲のよい市民の人たちのことだと思っている
- ・行政内部の連携もできていないため、他の係とは話が通じていない
- ・担当者個人は信頼関係を深めても、それが部署内で共有されていない。異動すると一からのやり直しになる

《本書の記述》
　第1章で協働の基礎を詳しく書いた。要点を繰り返すと、一緒にやることは手段であって、協働概念の核となるのは、「行政とともに市民（地域コミュニティ、ＮＰＯ等も含む広い意味）も公共の担い手であり、それぞれの得意分野で存分に力を発揮すること」である。だから、協働には、一緒にやる協働と一緒にやらない協働がある。

　このように考えると、協働は全役所、全市民に関係することであると理解できる。うまく理解できなかったら、もう一度、これまでの記述を読み直してほしい。

◗協働と名がつけば最優先という取扱いになる

　一緒にやることは手段であって、一緒にやることで、事業を効率的・効果的に進め、容易に事業の目的を達成できること、つまり１＋１が３になることが必要である。

《行政側の悩み》
- ・優先順位が低い事業をやることになる
- ・とにかく何でも市民と一緒にやればよいという雰囲気である
- ・協働しても効果が上がらない事業もやることになる
- ・協働がすっかり目的化している

《本書の記述》
　第２章で、一緒にやる協働の成功条件を詳述している。

◗相互理解が難しく、トラブルになる

　これまでの行政と市民の関係は、行政から市民へのサービス提供、市民から行政への要求、要望という一方向の関係であったが、協働では、両者が対等で、責任を持ち、公共を担うという双方向になる。頭では理解できるが、実践が難しい。

《行政側の悩み》
- ・協働は、市民に対する過度の期待、要望になりやすい
- ・市民が、自分たちは、いくらよいことをしていると思っても、それだけでは通らない。でも、なかなか理解してもらえない

《市民側の悩み》
- ・協働は、行政に対する過度の期待、要望になりやすい
- ・行政は、市民の提案の価値が理解できていない
- ・融通の利かない、固いことばかり言う

《本書の記述》

行政と市民の行動原理の違いが、行き違いやミスマッチの原因となっている。

行政については、税金で行動するという基本から、行政の予算編成や経費支出のルール、意思決定の仕組み、人事異動の考え方等が規定されてくる。さまざまな手続も、煩雑で、手間と時間がかかることになる。

それらの改善は必要であるが、一定の限界もある。「協働の前にお互いを知ろう」。

◢ 協働への批判に答えて

協働に対しては厳しい批判もある。

信託論からは、市民は主権者で、行政はその市民から雇われている（信託されている）のだから、それにも関わらず、雇い主（市民）と雇われた者（役所）が対等で、一緒に力を合わせるというのはおかしい。市民（雇い主）は行政（雇われた者）を意のままに使うことが本分なのであって、協働する必要などないという批判である。協働という考え方が出はじめた当初、よく出された批判である。

これはすでに論じた通りで、役所だけが公共を担っているという発想にとどまれば、そのとおりかもしれないが、しかし、それでは地域において、次々と発生する諸問題を解決し、市民が幸せに暮らせるまちをつくれないというのが、協働の問題意識である（空き家問題など）。

そこから生まれたのが新しい公共論で、政府と同時に市民も公共主体であり、同じ公共主体として、対等の関係で協力し、それぞれの情報、人材、場所、資金、技術等を有効に活用しながら、公共的課題の解決を図るとものと考えると、協働はむしろ、当然のことになる。

③ 協働によって変わること

［1］市民が変わる

考えてみよう➡協働によって大きく変わるのは市民である。どんなふうに変わるのだろう。

　協働は、市民の当事者性を基本とするが、当事者性の背景には、市民のまちへの愛着、共感、誇りがある。こうした内発力が、まちを盛り上げるパワーになる。これはシビック・プライドであるが、あなたのまちのシビック・プライドは高いだろうか。

◀ 要求・監視する市民から、まちの当事者として力を発揮する市民へ

　地方自治法は、1947（昭和22）年に制定された法律で、市民は、「住民」という概念で規定されている。その住民の権利や役割を定める規定は極めて少なく、住民が主語の規定は地方自治法全条文473のうち、わずか6条しかない。その内容は、サービスを受ける権利と、大半は行政や議会・議員に要求し、監視する規定である。

　具体的に見てみると、まず第10条では、住民が役務の提供をひとしく受ける権利とともに負担を分任する義務が規定され、続く第11条で、選挙に参与する権利が規定されているが、第12条では、条例の制定・改廃の請求権、事務監査請求権、第13条は、議会の解散請求権、議員、長、副知事・副市町村長、選挙管理委員、監査委員等の解職請求権といった直接請求権、さらに第242条と第242条の2では、住民監査請求、住民訴訟が規定されている。

　つまり、市民は、行政や議会に対して、要求し、監視するのが役割で、

それによって、市民は幸せになれるという組み立てになっている。

地方自治法は、途中の1999（平成11）年には、地方分権改革などの大改正があったが、地方自治法の構造や基本的な仕組みは一貫して変わっていない。

しかし、このやり方では、私たちの未来がないのはすでに述べたとおりである。そこで1990年代になって、協働という考え方が生まれてきた。協働の理念のもとでは、市民は、自治体に対して要求・監視する市民としてだけでなく、まちの当事者として、持てる力を存分に発揮して、まちのために奮闘することが重要になってくる。

たとえば、全国で学校帰りの子どもが、犯罪に巻き込まれるという事件が頻発したが、こうした被害は行政の活動だけでは防ぐことができず、父兄や地域の自治会・町内会の協力が必要である。役所の役割は、こうした地域の活動を支援することにある。行政の専横をチェックするだけでは、市民の暮らしはとても守れない。

◀ 協働の発露としてのシビック・プライド （鯖江市）

市民のまちに対する愛着、誇り、共感といった内発性とまちの当事者として住みやすいまちのために行動する当事者性に注目するのが、シビック・プライドの考え方である。

市民の愛着、誇り、共感は主観的要素であるために、これまでは政策対象としてとらえられてこなかったが、これを社会的な資本ととらえて、外部から計測や醸成できるようにするのがシビック・プライドの考え方である。

同時に、この概念には、まちの当事者として、地域の課題解決や活性化などに、具体的な行動として取り組む主体的姿勢が含まれている。つまり、市民一人ひとりが、「自分の住むまちのことを考え、住みやすいまちのために行動する」という主体性・当事者性が、シビック・プライドのもう1つの重要な柱である。

この2つの要素を制度や仕組みに反映するのが、シビック・プライド政

策である。

　そして、このシビック・プライド政策の理論的根拠となるのが協働である。協働は、行政とともに市民も公共の担い手として、それぞれの得意分野で存分に力を発揮することであるが、それには、市民一人ひとりが、まちに対する思いを持つとともに、まちや地域をよくするために、共同体の一員として、自分自身が関わっていくという当事者意識が前提だからである。

　最近になってシビック・プライド条例が、制定されはじめているが、現時点で最も充実している条例は、福井県鯖江市の市民主役条例（2010年制定）である。シビック・プライドを出発点に、内発性（愛着、誇り、共感）と当事者性を実践できる規定が盛り込まれている。

● シビック・プライドを把握する（アンケートモデル）

　シビック・プライドは、まちの社会資本なので、自分たちのまちに、どれだけの社会資本があるかを調査・把握する必要がある。民間企業によって、いくつかの指標が示されているが、これらは都市開発・住関連のマーケティングの一環として行われているため、地方自治の政策指標としては十分ではない。

　そこで、拙著『市民がつくる、わがまちの誇り─シビック・プライド政策の理論と実際』（水曜社・2021年）では、内発性（愛着、誇り、共感）、当事者性の両面から、指標の考え方を示し、住民アンケートモデルを策定してみた。その一部を示したので、自分に当てはめて、わがまちのシビック・プライド度を判定してみてほしい。

まち・地域に対する肯定的な認識・評価

1．安全・安心

問 あなたは夜、安心して近所を歩けますか？

① 非常に安心
② 比較的安心
③ 普通
④ どちらかと言えば不安
⑤ 非常に不安

2．地域の人々に対するポジティブな認識

問 あなたは隣近所の人たちとどのような付き合いをしていますか？

① 一緒に食事や買い物に行くことがある
② よく立ち話をする
③ 挨拶をする程度
④ 挨拶したことがない
⑤ 誰が住んでいるかわからない

3．地域文化に対するポジティブな認識

問 あなたは住んでいる地域で開催される行事（盆踊り、体育祭、文化祭等）に参加していますか？

① よく参加する
② 時々参加する
③ ほとんど参加しない
④ 全く参加しない
⑤ そのような行事がない

4．行政や議会に対するポジティブな認識

問 あなた市町村の取り組み（サービス、計画等）に関心がありますか？

① 非常に関心がある
② 比較的関心がある
③ 普通
④ あまり関心がない
⑤ 関心がない

5．当事者性

問 あなたは日頃からリサイクルやごみの減量を意識していますか？

① いつも意識している
② 比較的意識している
③ 普通
④ あまり意識していない
⑤ 全く意識していない

［2］役所が変わる

考えてみよう➡協働で役所も変わる。
事務室の机の配置だって変わるのではないか。

協働によって、自治体運営のあり方が、さまざまなところで変わる。市長の経営方針も変わるし、職員も、仕事の発想や市民との関わり方が大きく変わる。事務室だって、協働にふさわしい形態になるのではないか。どんな机の配置になるのか考えてみてほしい。

◀ 役所が変わる

行政は、信託された役割を十分に発揮するとともに、市民がその力を存分に発揮できるように市民や団体を後押しする役割も加わることになる。

これまでの役所は、先導的、主導的にまちづくりをリードしてきた。この機能は、今後も重要であるが、地域で奮闘する市民や団体の活動を評価し、支援し、ともに考え、ともに解決に向かって行動する役割にも注力していく必要がある。協働型行政への転換である。

そのためには、まず、これまでの組織風土の見直しである。前例にとらわれず、時代に合わせて見直しをする必要がある。

・減点主義ではなく、積極的な行動を評価することである。自発性が育めるような組織風土をつくり、意見が言いやすい組織とする

・風通しのよい組織体制、組織運営とする。縦割りの体制の改善を行い、他課との連携を強化するなど横のつながりをつくり、部署や役職にとらわれないチーム編成等の方法を試みる

・できない理由を考えるのではなく、どうすればできるかを考える。使える情報の収集と的確な活用を行い、自分の部署だけにとどまらない幅広い知識や経験を持つ人材を育成する

・コーディネーターの役を担えるような人を育てる。また、人事異動でこ

れまでの市民との協働の積み上げが、なくなってしまうといったことを
防ぐようにする

　なお、協働によって役所の仕事が大きく変わるが、その詳細については、
拙著『協働が変える役所の仕事・自治の未来―市民が存分に力を発揮する
社会』（萌書房・2013年）参照してほしい。

◢ 市長が変わる

　地方自治法の市長は、自治体の代表であり、自治体の事務を管理する。
これも重要であるが、これからの市長には、みんなが力を発揮できるよう
にするとともに、その力を束ねて、大きなパワーにする協働力が求められ
る。

①協働のマネジメント……行政や市民が、まちのためにパワーを出せるよ
　うに制度や仕組みをつくるとともに、こうしたパワーを束ねて、大きな
　エネルギーとなるようにマネジメントする。
②市民の自治力を育てる……市民が、共同体の課題に対し、自律的に関与
　し、公共的な態度で臨むことができるように、争点を提起し、判断の素
　材を提示することで、市民自らが考え、決定ができるようにする。
③職員力を引き出す……職員の思いに火をつけ、その潜在力を引き出して、
　目標に向かって、その力を存分に発揮する組織と職員をつくる。

◢ 職員が変わる（箕面市）

　地方自治法の職員は、市長の補助機関である。市長の役割の一部が、協
働のマネジメントに変われば、職員の補助の内容もそれに応じたものにな
る。つまり、これからの職員は、プランナーであり、市民の伴走者として
の役割が重要になる。

　たとえば、東日本大震災の後、地域の町内会・自治会の人たちが相談し、
担当者を決めて、災害時に高齢者や障がい者を助けに行くことにしようと
考えた。それには、高齢者や障がい者のリストが必要なので、行政に対し

図 13　レイアウトの変更（写真）

班長と班員の距離感がややある。

各班は島型。

課長

決裁ルート重視で、窓際に課長、出入り口側に若手職員が配置。

班

PC画面や書類がコミュニケーションを阻害。

班内の打合せは、自席を離れ、別の場所で行う。

若手職員

これまでのレイアウト（静岡県経営管理部管財課資料）

て、それを借りたいと言ってきたケースである。

　かつてならば、目的外利用は禁止されているからダメだと言っていればよかった。しかし、協働の時代になって、みんなで助け合おうという気持ちを活かすには、知恵を絞らなければいけない。つまり、個人情報を守りつつ、名簿を安心して使える可能性を検討するのが、職員の役割となる。

　大阪府箕面市のふれあい安心名簿条例はインフルエンザ流行時の連絡に手間取った経験がきっかけになった。

　伴走は、しんどい。しんどいけれどもやるのが自治体職員である。自治体職員は、自分たちが思っているよりも、大きな権限、高い信頼がある。それを存分に発揮するのが、これからの職員像である。

◢ 机の配置も変わる（西予市）

　協働によって、机の配置まで変わってくる。今までは、課長、係長、職員というピラミッド型の組織図にあわせた机の配置であった。市民とは、向かい合い型・対立型の机の配置になる。他方、協働になると、市民と行政が対等、水平な関係になり、机の配置も協働活動が行えるような配置になる。どんな配置になるか、考えてみてほしい（愛媛県西予市の取り組みが参考になる）。

西予市本庁４階モデルオフィス（西予市ホームページ）

［3］議会・議員も変わる

考えてみよう➡協働で議会・議員が注力すべきところが違ってくる。

　議会・議員は、会社で言えば、監査役と経営者の両面を持っている。協働の観点から、議会・議員の役割を見直すと、注力すべきところが変わってくる。どのように変わっていくのか。

◖自治の共同経営者・パートナーとして

　これまで議会・議員を監査役になぞらえて、執行部に対する監視機能を強調することが多かった。しかし、地方自治の二元代表制とは、ともに住民を代表している長と議員が、両者の緊張関係のなか、政策競争を行うシステムである。首長と議員・議会の間で、どちらの主張・行動が、より市民ニーズを体現しているかを争うことで、市民にとって、よりよい政策を実現しようとするシステムである。これは議会・議員を単なるチェック役とするのではなく、自治の共同経営者・パートナーとする発想である。

　具体的には、地方自治法には、議会・議員の基本的権限として、条例の制定改廃、予算の制定、決算の認定、重要な契約の締結や財産の取得・処

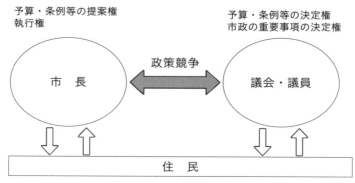

二元代表制（筆者作成）

分等の議決権が定められている（第96条）。これは市政の経営事項であり、議会・議員は経営者であることを体現する規定である。

　他方、議会・議員は、予算決定権や条例決定権を持っているが、組織・人員・財源はなく、予算編成権もない。他方、長は、執行権や組織・人員・財源を持っているが、予算決定権や条例決定権は持っていない。議会・議員と首長の２つの組織ともが、自己完結的ではなく、両者合わさって１となる仕組みになっている。つまり、ともに協力・連携しながら、自治経営することを前提にしている（協働型自治経営）。

◀ 自治経営のパートナーである議会・議員でなければできない役割

　議会・議員を自治経営のパートナーと考えると、議会・議員が力を発揮すべき政策領域がある。
① 行政ではやりにくい政策課題
　・行政が縦割りの運営になりがちななかで、そのすき間を埋める活動。空き家やごみ屋敷問題など
　・行政の行動原理は、公平・公正なので、多数の市民の合意が得られないと取り組むことができない。行政は、少数だが重要な意見を見落してしまう場合がある。もう１つの視点から問題提起する機能である。

性の多様性・性的少数者の問題など

② 自治の経営者としての取り組み

・ 当面の解決に追われる行政に代わって、将来を展望して、地方自治の
あり方を提案する。シビック・プライドの政策化など

・ 広い視野からまちづくりを目指す。地域振興や産業活性化など、まち
を元気にする政策など

③ 地域や住民の要望を反映する取り組み

地域に密着する議員ならではの役割である。

◢ 議会・議員からの政策提案・同性パートナーシップ制度（渋谷区、世田谷区）

協働とは、それぞれの強みを発揮することであるが、議会・議員の強み
を発揮して、大きな流れをつくったものに、同性パートナーシップ制度の
推進がある。

同性パートナーシップ制度は、一定の要件を備えた同性のカップルに
対し、カップルであることの宣誓書や公正証書の受理等によって、パート
ナーシップ関係を証明、確認する制度である。同性カップルに対して、結
婚に相当するものであるという社会的承認を与える制度と言える。

この制度は、2015年11月5日に東京都渋谷区と世田谷区が導入したの
が最初であるが、渋谷区・虹色ダイバーシティ「全国パートナーシップ制
度共同調査」によると、2022年1月4日現在で147自治体（人口カバー率は
43.8％）が導入しており、証明交付件数は、2,537件（2022年12月31日現在）
とされている。近年、急速に同性パートナーシップ制度を導入する団体が
増加している。

この制度の嚆矢となった渋谷区、世田谷区とも、導入の契機は、議員の
提案による。

渋谷区の場合は、区議が地域活動のなかで、性的少数者と出会い、交流を
深めるなかで、性的少数者が直面する悩みや困難を知るようになり、議会
において質問し、区長と協議・連携することで、制度化につなげていった。

世田谷区の場合は、トランスジェンダー当事者である区議のリーダーシップによるところが大きい。当事者として、身近なことから問題提起し、改善を進めていきながら、制度化につなげていった点が特徴である。

　行政は、行動原理が公平性なので、市民全体の問題でないと動きにくい。その意味では、性的少数者の問題は手を出しにくい。これに対して、議員は自分が重要だと考えたことに、積極的に関わることができる。議員の強みを遺憾なく発揮した協働事例と言える。

◀ 自治経営のパートナーとして・行政が安心して前に出られる仕組み(横須賀市)

　今日の行政を覆っているのは、誤ったコンプライアンスである。法令順守と訳されたために、法令に書いてあることだけをやっていればよい、逆に、法令に書いてあることに違反しなければよいとして、運用されている。

　行政の場合は、市民への説明責任が基本にあるため、市民からクレームが起こらないようにする、市民からのクレームに対して言い訳ができるかに、注力するようになってしまった。コンプライアンスが、「わが身の安全」のために「問題を起こさない」になってしまっている。

　こうした風潮に対して、議会・議員が取り組むべきは、行政が前に出ることができる仕組みの構築である。自治体職員が安心して仕事ができるような後押しである。

　たとえば、空き家条例ができる以前、職員が空き家の調査に行くと、「どういう根拠で来たのだ」と問われて、たじろぐことになる。それに対して、市民代表である議会・議員が決定した条例で来たのだと職員が胸を張って言える制度（空き家条例）をつくって、行政がその力を存分に発揮できるように条件を整備し、後押しするのが、自治経営のパートナーである議会・議員の役割である。

　横須賀市は、2012年に議員立法で空き家条例（横須賀市空き家等の適正管理に関する条例）をつくった。この年には、議員立法で多くの自治体で空き家条例がつくられたが、これが、その後の国の空き家法（空家等対策の推進に

関する特別措置法）の制定に寄与している。

◀ 自治経営のパートナーとして・市民を後押しする機能 （新城市・焼津市）

　これからの地方自治は、市民自身が、身近なまちの課題に対し、自律的に関与し、公共的な態度で臨むという実践を重ねることが求められる。その市民の活動を後押しする議会・議員の役割は重要である。

　議会は多数の議員で構成されており、多元的価値を体現している点が、執行機関にはない強みである。この強みを活かして、市民が学ぶ機会をつくることができる。議員が地域課題を踏まえて争点、対立軸を示すなかで、市民自身が、自ら考え、判断する機会をつくることである。この「民意をつくり出す役割」を果たすことで、市民の議会・議員に対する不信を克服することができる。

　その意味では、市民の前で話し合う仕組み（議会報告会や市民まちづくり集会）を積極的に行うことが重要になる。

　愛知県新城市や静岡県焼津市のまちづくりのための市民集会が好例である。

市民、行政、議会が一堂に会して話し合う市民まちづくり集会（筆者撮影）

［4］まちが変わる

考えてみよう➡協働でまちも変わる。まちが元気になる。

　協働は、単なる理念ではない。まちが元気になるパラダイムである。ではなぜ、協働でまちが元気になるのか。それは、みんなが力を出すからである。自分たちならば協働で何を元気にできるか、考えてみよう。

◗ まちの財政を豊かにする・ふるさと納税 （焼津市）

　静岡県焼津市のふるさと納税は、たった1年半で納税額全国第2位となった（平成27年度）。躍進の秘密も協働にある。

　協働というのは、みんなが持てる力を発揮するということである。みんなには、事業者も含まれる。

　焼津市のふるさと納税の特色は、1,000品目を超える返礼品があることである。

　これまで、ふるさと納税といえば、地方の名産品が対象であった。つま

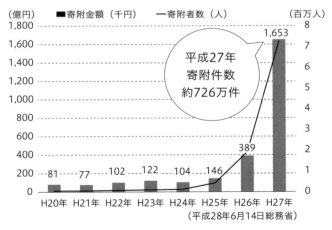

ふるさと納税 （まちづくり市民集会資料）

り、ふるさと納税は、選ばれた一部エリートのための事業と言える。これに対して、協働は、みんなで野球をやろう、つまり全員野球の発想なので、ふるさと納税も、一部のエリート企業だけでなく、企業みんなのことであり、全員が当事者となって、まちを盛り上げようということになる。だから、自分の商品が名産品だと思えば、それがその地方の名産品であり、ふるさと納税の返礼品となる。その結果、焼津市では、返礼品が1,000品目を超え、日本で2番の納税額となっていった。

◀ 自立する若者が増える・全国に続々とできる若者会議 (多摩市等)

社会には、高齢者もいるし、若者もいる。若者も同じ社会の構成員である。20歳代、30歳代で全体の21％いる若者（2022年1月人口推計・総務省統計局）が、自治体の政策形成やまちづくりに参加しないのは、そもそも不自然である。また超高齢時代を迎え、負担と責任を負うことになる若者が社会（政策決定を含む）に参加する仕組みや機会がないのは不合理とも言える。

協働とは、これまで出番がなかった人たちを公共の担い手としてきちんと位置付け、その出番をつくるパラダイムである。

全国で若者の出番をつくる仕組みがつくられている。

山形県遊佐町では、少年町長・少年議員公選事業を実施している。遊佐町に在住する中高生と在学する高校生が有権者となり、有権者のうちから立候補した者から、少年町長1名、少年議員10名を投票で選ぶ制度である。この少年議員たちに政策予算（45万円）が付与されている。愛知県新城市では、若者条例、若者議会条例をつくり、若者に1,000万円の予算提案権を付与した。

経済的にも自立する若者会議も生まれている。静岡県のＮＰＯ法人わかもののまちは、若者まちづくり活動の講師・ファシリテーター等の派遣を通して、中間支援活動を積極的に行っている。東京都多摩市の若者会議は、中核となる会社「合同会社MichiLab」を自分たちで設立した（資本金100万円を自分たちで出した）。合同会社MichiLabは、多摩市との協力関係を

維持しつつ、若者の地域参画を促進する「場」づくり、地域活性化活動を行っている。

◖ 新しい発想の事業ができる・開店休業施設のリノベーション（新城市）

協働は、立場が違う者同士で、知恵を出し合うことである。その結果、新たな事業ができる場合がある。その成果の1つが、新城市のふるさと情報館リノベーション事業である。

これまで新城図書館2階の郷土資料室は、利用者がきわめて少ない一方、テスト前になると図書館は利用したい高校生で混み合うのが課題であった。そこで、郷土資料室を多目的スペースへ改修して、自主学習スペースを確保するとともに、郷土資料の展示を工夫することで、両者の両立を図った事業である。

この事業を実現するために、当時の図書館館長と若者たちとで話し合いを進めたが、当初、館長は、「図書館は本を読むところなので、勉強するなら他の施設に行けばいい」という考えであった。しかし、若者自身が、粘り強く思いを伝え続け、一緒に考えていくうちに、館長の考え方が変わり、折衷的な施設ができあがった。その結果、これまで年間数十人しか訪れなかった2階利用者が、年間4,000人を超えるまでになっている。

新城図書館2階郷土資料室（新）（新城市提供）

新城図書館2階郷土資料室（旧）（新城市提供）

4 協働を進めるにあたっての勘どころ

［1］市民はまちの価値・資源

考えてみよう➡市民はまちの価値・資源である。

　市民がまちの価値・資源とはどういうことか。協働とはどのような関係にあるのか。市民をまちの価値・資源と考えることで、何が変わっていくのだろう。

◀協働の原点・憲法第13条

　協働の原点となるのが、憲法第13条である。第13条には、「すべて国民は、個人として尊重される」と規定されている。個人としての尊重とは、役所が一人ひとりの市民を大事にしてあげるといった低レベルの話ではなく、市民一人ひとりに価値があるということである。勉強できることも価値であるし、勉強はできないけど優しいということも価値であり、正直というのも価値である。そうした市民一人ひとりが持っている価値を認めあうというのが、私たちの社会で、この市民一人ひとりの価値を発展させ、そのパワーをエネルギーに変えて、よい社会をつくっていくというのが、私たちの社会の基本思想である。自治経営の本質でもある。協働を進めるにあたっては、この憲法第13条の基本を忘れないようにしよう。

◀市民は社会の貴重な資源

　市民は社会の貴重な資源である。市民一人ひとりは、それぞれ知識・経験も異なり、多様性を持っている。それを強みと考えて、尊重し、伸ばしていけば、社会の発展に寄与することになる。

とりわけ人口減少、超高齢社会がますます進むなか、市民の役割が重要になってくるが、市民は公共の担い手であると、きちんと位置づけ、市民が自治体の政策形成やまちづくりに積極的に参画できるようにしていくのが公共の役割でもある。

　協働政策は、自治体による市民の社会的な自立（自己形成・人格的自立、経済的自立、社会的自立）を促進し、市民をいわゆる「大人」にする政策である。そのための社会的システム（仕組み、手法等）を構築することを内容とする。

　こうした市民の社会的自立のためのシステムを整備していない社会は、いずれ自身の活力を失い、衰退の運命をたどることになってしまう。

◀ 市民の権利と責任

　市民は資源であるという視点に立てば、市民は自分自身の生活や自分の住む地域の環境、社会全般の発展に関与し、その発展に参画できる権利を持っていることになる。同時に、市民は自分の行動に対して責任があり、かつ、責任をとれるだけの能力があるとみなされる。

　権利概念は、歴史的に見れば、国家権力の乱用から個人の自由を守るものとして生まれたもので、その名宛人は国や自治体であり、その権利保護のために、司法に救済を求めることができるという裁判規範性を持つとされる。

　ところが、市民の政策形成への参画やまちづくりへの参画の権利は、自治体や国家だけではなく、地域、学校、社会に対しても向けられている。この参画の権利は権利侵害の態様や状況によっては、裁判規範として機能する場面も否定できないわけではないが、その基本的性格は、多種多様な利害関係者によって、政策的な措置が取られるように誘導する行為規範であると言える。

◀ ひきこもりをまちの資源に（秋田県藤里町）

　秋田県藤里町は、秋田県の北、青森県との境にある町である。町の大半

福祉の拠点こみっと「1.17の記録」（筆者撮影）

が山林で、北西部には世界遺産の白神山地がある。人口約3,000人のうち、高齢化率は49％にも上る過疎の町でもある（2022年3月）。この町の社会福祉協議会が、ひきこもり対策に取り組んだのは2005年度からだった。

まず、ひきこもりの全戸調査（実数把握調査）を行い、訪問調査を行った。すると、この小さなまちで113人のひきこもりがいることがわかり、その調査を踏まえて、これらの人をまちや地域に出てもらう仕組みづくりと実践を行った（ひきこもり者・障がい者・不就労者等を地域で支えるための福祉の拠点「こみっと」を開設し、またひきこもり者等の就労支援の場としてのお食事処「こみっと」も営業開始した）。その結果、50人以上が地域に出てくるという成果を上げた。

藤里町の取り組みで注目するのは、「ひきこもりの人たちは、地域の資源」という発想である。ひきこもりを地域のお荷物だと考えると、見て見ぬふりをすることになるが、地域の資源と考えると、その資源をもっと引き出し、もっと応援していくことになる。

これは憲法第13条の理念を実践した協働（市民も公共の担い手であり、それぞれが存分に力を発揮すること）の活動といえよう。

［2］人が動く誘因に注目する

考えてみよう➡人が動くのには誘因がある。

　人が動くのには誘因がある。協働を盛り上げるには、その誘因を意識し、刺激する施策を講じればよい。人はどんな誘因で動くのだろう。この誘因は年代によっても違ってくる。若者が公共活動に参加する誘因には、どんなものがあるだろう。

◗４つの誘因

　人が動く誘因には、次の４つがある。

① 金銭的利益を求める経済的誘因

② 名誉や名声、地位や権力を求める社会的誘因

③ 満足や生きがいなどの心理的誘因

④ 倫理や宗教を背景に持つ道徳的誘因

　これら誘因に働き掛けることをねらって、協働を推し進める制度・仕組みがつくられるが、人によって、感じること、影響を受けることは異なるから、効果は単線的ではない。

　たとえば、まちづくりに取り組む市民の活動を評価することで、活動者の意欲をあげる制度は、一般的には名誉や名声といった社会的誘因に働き掛けるものであるが、人によっては、満足や生きがいなどの心理的誘因に影響を受ける場合もある。

◗誘因は年代別に違う

　年齢層別の動機（全国社会福祉協議会「全国ボランティア活動実態調査」）を見ると、40代以下では、「自分の人格形成や成長につながることをしたかった」、50代では、「自分の知識や技術を生かす機会がほしかった」、60代以上では、「社会やお世話になったことに対する恩返しをしたかった」が、最

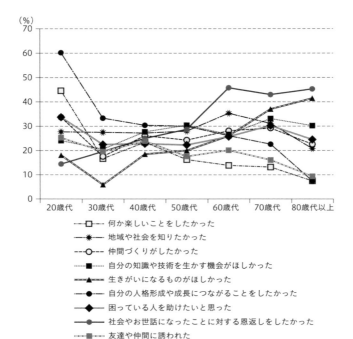

資料：（社福）全国社会福祉協議会「全国ボランティア活動実態調査」 平成21年度

ボランティア活動に参加した理由（年代別）（大阪府教育委員会「親学習教材」）

も主要な動機となっている。協働活動への誘因は、年代別に異なるということである。

　当然の違いとも言えるが、この年代別の主たる動機の違いを忘れると、実際の協働活動の場面でミスマッチや行き違いの原因になってしまう。

◢ 基本となるのは社会的誘因 （山形県）

　協働において、最も基本となるのは社会的誘因である。その代表的な仕組みが、表彰・顕彰である。

　表彰・顕彰の対象は、
・協働活動を行っている個人または団体

・こうした個人や団体を支援
　している個人または団体
・その他、市長が特に表彰す
　ることが適当と認めた個人
　または団体
　などが考えられる。
　社会貢献活動や地域を元気
にする取り組みを顕彰する例
は、全国に枚挙の暇がないく
らいある。
　山形県の輝く県民活躍大賞
は、山形県内に拠点を有する
団体や企業などが取り組んで
いる社会貢献活動や地域活性
化に資する活動等で、山形県
内において大きな成果を収め

「2021 輝く県民活躍大賞」ジュニア・ユース部門
（鶴岡市ホームページ）

ている活動を表彰する。ジュニア・ユース部門、若者部門、一般社会貢献
部門が対象である。
　また、企業人が、協働活動に参加するには、企業側の理解と支援が不可
欠であることから、企業の条件整備を後押しするために、表彰・顕彰のほ
か、積極的に取り組んでいることを認定する制度のような方法も有効であ
ろう。

◢ 心理的誘因と社会的誘因の合体
・ボランティア活動貢献学生認定制度（相模原市、匝瑳市）

　若者にとっては、まちづくり・公共活動に関わる最大の動機は、自己変
革、自らのバージョンアップである（心理的誘因）。それに社会的誘因を加味
したのが、ボランティア活動貢献学生認定制度である。

相模原市には、一定以上の地域貢献活動を自主的に行った学生及び学生グループに対し、大学からの推薦に基づき、市から認定証を贈呈する制度がある（地域活動・市民活動ボランティア認定制度）。活動時間または活動回数に応じて、ボランティア学士、ボランティア修士、ボランティア博士という名称で、認定証を出している。

千葉県匝瑳市にも、ボランティア活動貢献学生認定制度がある。認定の要件は、1年以上継続してボランティア活動に参加し、合計12回以上の活動実績がある学生が対象となる。「ボランティア活動貢献学生」として、市長から「ボランティア活動貢献学生認定書」が交付される（認定書は進学、就職活動などにおいて使用することもできると実施要綱にも明記されている）。

◗ 経済的誘因もあなどれない（倉吉市）

経済的誘因には、①経済的助成措置（税制優遇、補助金、融資・利子補給、基金の創設等）、②経済的負担措置（税金、課徴金、デポジットシステム等）がある。これは簡単に言えば、まちづくり・公共活動を行うと得になる、行わないと損をするという誘因である。

一般には、協働と市場経済メカニズムとは直接リンクしないことから、経済的誘因はさほど機能しないことが多い。

ただし、経済的負担の軽減という面では、協働活動の誘因になる。交通費等の金銭的な負担を感じ、協働活動への参加を躊躇する市民もいるから、交通費等の実費を助成することによって、協働活動を後押しすることができる。効果的な経済的支援策も開発していくべきだろう。

鳥取県倉吉市学生ボランティア活動交通費補助金は、過疎及び高齢化により担い手が不足し、運営や実施が困難になっている地域でのイベント運営、準備又は企画、道路及び水路の清掃、除草作業等に出かける学生ボランティアの活動に対し交通費を補助する制度である。

◤心理的誘因と経済的誘因の合体・介護支援ボランティア制度 （稲城市）

　誘因は1つでなく、複合的な場合のほうが一般的である。

　介護支援ボランティア制度は、社会のために働いたという満足感などの心理的誘因に経済的誘因を加味した制度設計になっている。高齢者が介護施設等でボランティア活動を行った場合に、ポイントが与えられ、貯まったポイントに応じて寄附・換金ができる。高齢者自身が社会参加活動をすることで介護予防になるとともに、地域支援事業費、介護給付等の費用を直接的・間接的に抑制するのが狙いである（介護保険法第115条の45第1項）。

　基本は、ポイントを介護保険料に充てる制度であるが、特定商店の商品購入、地元の特産品との交換、現金化できるなど、参加の意欲を高めるために、ポイントの使途を広げる自治体も多い。また、ポイントを付与する活動を広げ、除雪等の地域活動にも広げている自治体もある。

　東京都稲城市は、この制度を最も初期段階で導入した自治体である（2007年）。制度の流れは次のようになっている。

① この介護支援ボランティアの対象となる高齢者は、稲城市における介護保険第1号被保険者が、稲城市社会福祉協議会に登録する。

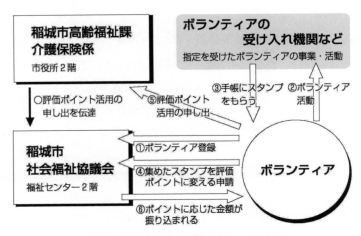

介護支援ボランティア制度の流れ （稲城市）

②市長の指定を受けた介護支援ボランティア受入機関等で介護支援ボランティア活動を行う。

③ボランティア活動を行い、活動した施設や団体に手帳を提示し、スタンプを押してもらう（1時間の活動で1スタンプ・上限1日2スタンプまで）。

④集めたスタンプを評価ポイントに変える申請を行う。

⑤高齢福祉課介護保険係に評価ポイントの活用の申し出を行う。

⑥ポイントに応じた金額が振り込まれる。1ポイント1円で換算し、年間で最大5,000円を介護保険料などに充てることができる。

［3］力を出していない人に力を出してもらう

考えてみよう➡持てる力を存分に発揮するのが協働である。

　まちづくりや公共活動にとって、有用な知識、情報、行動力などを持っている市民も多い。その力を引き出すのが協働であるが、力を出していない市民がいる。どんな人たちだろうか。

◀みんなの力を引き出す政策体系 （新城市）

　協働とは、行政、議会、市民が、公共の主体として、その持てる強みや得意分野を存分に発揮して、市民の暮らしや地域を豊かにするというものである。協働は、市民の力や行政・議会の力を引き出し、それらを束ねて、大きなエネルギーに転換して、持続可能な社会をつくっていくツールとも言える。

　みんなが力を引き出すという協働の理念に基づいて、各種政策を展開しているのが、愛知県新城市である。

　まず自治基本条例で、今後の自治経営のあり方として、行政のほか、市民、地域活動団体、ＮＰＯ、企業等がその持てる力を発揮して、自治の諸

問題に立ち向かっていくことを明確にした。

　そのうえで、次世代の担い手として期待されながらも、これまで地域とは疎遠であった若者の出番をつくる若者政策や若者議会、男性優位社会のなかで、出番が少なかった女性の出番をつくる女性議会、身近な自治を実践する仕組みとしての地域自治区、企業や事業者の奮闘を期待する地域産業総合振興条例などによって、協働の理念を具体化している。

◀ 定住外国人のまちづくり参画 (横浜市)

　外国人も力を出していない。法的には、外国人は管理の対象で（出入国管理及び難民認定法）、法制度上は、外国人は「摩擦」の原因ととらえて、その外国人を「管理」するという政策となっている。

　しかし、気がつくと、日本は、世界第４位の移民大国になり、在留外国人は、282万3,565人（2021年6月末現在）、日本の総人口の３％近くにもなっている。日本に住み続ける定住外国人も多くなってきた。

　外国人の増加とは反対に、日本人の少子・高齢化は急速に進み、日本人の人口は毎年数十万人ずつ減少している。日本社会はヒト、モノ、カネなど、さまざまな点で縮減し、余力をなくしている。

　こうした状況のなかで、同じ地域で暮らす住民として、まちのためにその力を発揮したいという定住外国人が生まれ、そうした人たちに、その持てる力を発揮してもらいたいという動きが自然に起こってくる。

　発想を転換してみれば、定住外国人の持つ多様性（言語、文化の違い）は地域づくりのための「資源」であり、その資源をまちづくりに活かして、活躍してもらえば、地域の活性化になる。観光や防災の領域では、外国人は即戦力になるし、多様性を活かした起業は、日本の活性化にもなるだろう（松下啓一他『定住外国人活躍政策の提案 —地域活性化へのアクションプラン』萌書房・2020年は、外国人も、まちづくりの新たな価値、資源ととらえ直した自治体政策を提案している）。

　たとえば消防団員は、これまでは日本人に限定され、外国人はなれな

定住外国人の持つ多様性 ----------- 地域内トラブルを生じさせる「摩擦」
（言語、文化の違い）

　　　　　　　　　　　　　　　　→ 魅力的な地域づくりのための「資源」

この発想転換が、活躍施策の源泉となる！
定住外国人を日本の社会の中で、穏やかに包摂できるか。日本人政策でもある。

外国人もまちづくりの資源・『定住外国人活躍政策の提案』（萌書房）より

いという運用が、長く行われていた。しかし、大事なのは、目の前に火災が起こっているときに、その火を消すことできるかどうかの能力であって、それを国籍の有無で区別するのは、おかしな話である。同じ住民として、暮らしやすいまちづくりのために、外国人にも力を出してもらうという発想の展開が、必要になっている。

「横浜市消防団には外国人の方も入団できます」として、横浜市は、次のような条件で外国人消防団員を受け入れている。

・入団条件

(1)「在留カード」または「特別永住者証明書」を保有している者

(2) ２年以上の在留期間があり、消防団活動を３年以上続ける意思のある者

(3) 班長以上の職に就くことが出来ないことを承諾できる者

(4) 所属する予定の分団から入団の承諾を得られる者

(5) 公権力を行使した活動が出来ないことを承諾できる者（別に消防団員が有する主な公権力が明示されている）

(6) 日本語でのコミュニケーションがとれる者

◀ 法人化して活動する稼ぐ自治会・町内会を目指す
（川西町・きらりよしじまネットワーク）

　山形県東置賜郡川西町吉島地区では、従来から吉島地区社会教育振興会を中心とした事業を通して、地域コミュニティの活性化を推進してきたが、社会教育の枠のなかでは、なかなか踏み込めない課題もあった。また、人口減少・高齢化が急速に進展するなか、住民が抱える課題も多様になり、これまでの体制や仕組みでは、スピード感のある課題解決や将来を見据えた地域づくりが難しくなってきた。

　そこで、新たな組織・体制のあり方に向けて、住民ワークショップを繰り返した結果、地域全体で法人格を取得することの合意が得られ、2007年4月に、吉島地区の全世帯加入のNPO法人として、きらりよしじまネットワークが設立された。

　きらりよしじまネットワークでは、組織の統廃合や会計の一元化によって無駄の排除を図るとともに、地域の活力を維持・継続するため、役員や事務局の充て職をなくした。特に事務局は、次代を担う若い世代層を登用し、30年先を見据えた地域づくりに向けて活動している。

きらり産直（きらりよしじまネットワークホームページ）

吉島地区は、高齢化率が高く、農業地域のため、年金は国民年金だけの高齢者も多い。少ない収入を補填するために、「稼ぐ自治体・町内会」を目指して、収益活動にも力を入れている。

［4］励ましとちょっとした後押し

> **考えてみよう➡最大の協働は、励ましとちょっとした後押しである。**
>
> 　これまでの役所は「ダメ」から入るのが通例だった。協働では「それいいね」から入ることになる。これは自治体職員の仕事のやり方のコペルニクス的転回なので、簡単にはいかないだろうが、心がけてほしい。

◢ 市民を後押しする役割・行政、議会・議員

　日本には、長い協働の歴史がある。日々の暮らしのなかで、課題は次々に起こるが、住民は共同体やそこに暮らす人々と協力・連携しながら、まちや地域の課題を乗り越えてきた。私たちの地方自治は、内発力・当事者性の長い歴史と豊かな実績を持っている。

　人はパワーを持っている。その内発力を引き出し、励まし、後押しすれば、社会を変えていく大きな力になる。そのパワーを社会変革のエネルギーに変えるのが、協働である。

　行政（市長、職員）、議会・議員の役割は、市民一人ひとりが持つ知識、経験、行動力を引き出し、大きな力に変えることである。そのために市長は、リーダーシップを発揮し、議会・議員は、自治経営のパートナーとして、市民を後押しする。

　職員は、地方公務員法などの諸法律、職員一人ひとりの高い倫理観などを背景に、中立性・信頼性という強みがあるので、それを活かしつつ、市民の知識、経験、行動力と連携して、暮らしやすいまちをつくっていく。

この後押しの力は、畳の上の水練では身につかないので、市民とともに議論し、市民と活動しながら、能力を高めていってほしい。

ちょっとした後押しの制度づくり（多摩市）

東京都多摩市が制定した子ども・若者の権利を保障し支援と活躍を推進する条例は、子ども・若者へのちょっとした後押しの制度である（令和4年4月1日施行）。

子ども・若者に関する法制度の大半は、対象年齢は18歳までである。つまり18歳までは、学校での学びや指導、行政による一定の支援があるが、18歳を過ぎると、大人だとされて、これら制度から切り離される。それに呼応したかのように、選挙の投票率では、18歳は高いが20代前半に急減に低くなる。また、引きこもりのスタートは、20代前半が最も高くなる。

かつてならば、こうした法律の限界を親戚、地域、会社などがカバーし、若者を大人にする共済制度の役割を果たしていたが、今日では、それがなくなり、あるいは弱体化してしまった。

多摩市の子ども・若者の権利を保障し支援と活躍を推進する条例は、法の不足・限界に接ぎ木し、また親戚、地域、会社等に代わる新たな共済システムを構築することで、子ども・若者を大人にするための仕組みである。その基本の理念はちょっとした後押しである。その理論が協働である。

後押しする自治体職員・職員メンター制度（新城市、富田林市）

愛知県新城市では、若者議会に、1,000万円の予算提案権を付与しているが、実際に予算を提案することは簡単ではないので、これをサポートする縁の下の力持ちが、メンター職員制度である。

新城市では、おおむね39歳までの市職員が経験・知識などを活かし、メンターになる。新城市の若者議会では、1グループ5人程度でチームが構成されるが、メンター職員は、そのチームに2人程度配置される。

メンター職員の役割は、若者側と市役所とのパイプ役で具体的には次の

内容である。

・論議が円滑に進むようにサポートするファシリテーター役
・法令関係・市の計画のチェック役
・政策を答申する際には、その事業費を明記しなければならない。予算についてアドバイス役
・若者政策の担当課と若者委員との連携役
・若者議会と所管課等との架け橋

　また、職員が積極的に地域に飛び出し、若者と協力しながら、政策課題を発見し、解決していく方法を実地で学ぶという、職員教育の一環としての意味も持っている。

　若者を後押しするためのメンター職員制度は、大阪府富田林市、愛知県豊橋市などにもある。

［5］楽しむという発想転換

考えてみよう➡協働は楽しく。それを楽しむという発想転換が必要である。

　協働を理解してもらうために、楽しくわかりやすい寸劇をつくろうと思う。どんな劇ができるだろう。

◖協働は楽しく

　協働を開始し、継続させていくには、参画する市民のモチベーションを高め、それを維持することが必要である。それには、楽しいことが重要である。楽しみは、人によってさまざまで、人との出会い、知らなかったことを知る、他者から喜ばれること、さらには活動後の飲み食いなど、楽しみ方は多様である。

　協働は、よいまちにしよう、まちを元気にしようとする活動なのである

から、楽しくできないはずはない。笑顔の輪、笑い声の輪を広げながら、協働してほしい。

◀ フロー理論

　フロー理論は、ミハイ・チクセントミハイ（Mihaly Csikszentmihalyi）教授が唱えている考え方で、分類的には、ポジティブ心理学の領域である。その意味では、心理学では少数派であるが、まちづくりへの転用という点では、応用範囲が広そうである。

　フローの状態とは、「時を忘れるくらい、完全に集中して対象に入り込んでいる精神的な状態」を言う。

　チクセントミハイ教授は、フローを起こす条件として、次のような要件をあげている。

① 明確なゴールや目標があること
② その目標は能力に比べてチャレンジが必要なこと
③ 目標達成に本質的な価値や意味があること
④ 状況を自分たちでコントロールでき工夫の余地があること
⑤ 自分たちの本来持っている強みを活かすことができること
⑥ フィードバックができること

　意訳すれば、

・本質的な価値がある活動であって、その目標が明確であるとき。こういう仕事は、楽しくなる

・その活動は難しすぎず、ちょっと努力すれば自分の手に負える範囲であるとき。難しすぎればいやになるし、易しすぎればやる気にならない。ヒントを出し、手助けするのも大事である

・ひととき、それに集中して取り組むことができ、上手く進んでいるかを逐次確認ができるとき。小さな成功体験が当てはまるだろう

　こういう時は、仕事は楽しくなるというチクセントミハイ教授のフロー理論は、納得性が高い。

◖ 事務局バンドでみんなで歌う（焼津市）

　協働で条例づくりの会議を行っているとき、その中休みに、事務局バンドが歌い演奏する。焼津市の事務局バンドの「自治基本条例ズ」の『自治基本条例はじめました』である。根を詰めた議論の合間に、この歌を演奏し、みんなで歌う。難しく言えば、自治の親睦機能の実践であるし、「自治は楽しく」の実践でもある。

自治基本条例はじめました

　1番

C
ある日市長に言われた　　　　Em
　　　　　　　　　　　　　焼津のため市民のため

Am
まちづくり条例　　　　　　　F
　　　　　　　　　　　　　すぐにつくれとー

F　　　　　　C
そしておっとしの11月　　　Am　　F
　　　　　　　　　　　　市民会議立ち上げ　　　G　　　　　C
　　　　　　　　　　　　　　　　　　　　　　自治基本条例はじめました

F　　　　　　C
経験もない 人もいない　　　Am　　F
　　　　　　　　　　　　予算もないけど　　　　G　　　　　C
　　　　　　　　　　　　　　　　　　　　　　自治基本条例はじめました

F　　　　　　C
松下教授たずねー　　　　　　Am　　F
　　　　　　　　　　　　今井さん紹介されてー　G　　　　　C
　　　　　　　　　　　　　　　　　　　　　　自治基本条例はじめました

F　　　　　　C
地方分権 地震津波　　　　　Am　　F
　　　　　　　　　　　　少子化対策にとー　　　G　　　　　C
　　　　　　　　　　　　　　　　　　　　　　自治基本条例はじめました

　4番まである。
　映像は、https://www.facebook.com/yaizu.jichi/videos/5331382500
49514/を参照（音が出るので注意してほしい）。

◖ よそ者も楽しむ・うおPRO（相模女子大学）

　「うおPRO」は、相模女子大学 魚河岸シャツ・プロジェクトの略である。相模女子大学人間社会学部社会マネジメント学科有志と静岡県焼津市及び焼津高校による「女の子の、女の子による、女の子のための魚河岸シャツ」

うお PRO・魚河岸シャツファッ
ションショー（筆者撮影）

Sa・Ga・Jyo! 6（山家昌則さんの作品）

をデザインするプロジェクトである。

　焼津市には、地元着の魚河岸シャツがある。このシャツを全国区にして、焼津のまちづくりを盛り上げようと、よそ者、若者が取り組んだ。できあがった魚河岸シャツは、パステル調の色に、絞ったウエストのラインと、広く浅めの首周りのデザインで、「女の子に着てもらえそう」を目指した。

　自分たちがデザインしたシャツをアピールするために、焼津市のお祭りでは、地域の人たちに混じってファッションモデルに挑戦する。

◖Sa・Ga・Jyo! 6（相模女子大学）

　相模女子大学の若者たちの活動が知られるようになり、その活動を後押ししようという応援団も現れる。絵が得意な市民がつくってくれたのが、「Sa・Ga・Jyo! 6」のイラストである。こうした市民の後押しを受けると、これまで、自治のことやまちのことに関心が乏しかった若者も、面白がりながら、どんどんと成長していく。協働は励ましである。

　ちなみに「Sa・Ga・Jyo! 6」は、その後、「Sa・Ga・Jyo! 30」まで成長した。

焼津市まちづくり市民集会のウエルカムドリンク（筆者撮影）

◖ ウエルカムドリンクタイム（焼津市）

　簡単な飲み物とつまむものがあればぐっと打ち解ける。ワールドカフェ型のワークショップでは、お茶やお菓子を用意するのも普通になった。カフェにいるような気楽な気分で、自由に意見を出し合うというのが、その狙いである。話し合いのはじまる前に、あるいは途中で、お茶を飲みながら、話の花が開く機会をつくっていく。

　全国のなかでも、ウエルカムドリンクタイムが最も充実しているのが、焼津市のまちづくり市民集会だと思う。ここでは市販のお菓子のほか、地元のお茶、かまぼこなど練り製品もふんだんに置かれている。

　これは、焼津市のまちづくり市民集会が、協働の理念でつくられているからである。だから、ここで用意される、はんぺんなどの練り製品は、魚のまち焼津市の地元企業からの差し入れである。みんなが得意分野で力を出すのが協働である。

難しい話の後は餃子をつくる（上田市）（筆者撮影）

◖一緒に食べ、飲みながら考える（上田市）

　ウエルカムドリンクのさらに先を行くのが、長野県上田市での市民による自治基本条例検証委員会である。上田市が自治基本条例を制定するのに合わせて、市民による自治基本条例案をつくり、市の案をバージョンアップしようと市民たちが集まった。毎回、30人近くの人が集まり、朝10時から夕方の４時まで、みんなでまちの未来をつくる仕組みづくりを話し合った。

　往々にして、市民案をつくるというと、行政とは対立的で、怖い顔での議論になりがちである。しかし、ここの会議は違った。長丁場だから、途中で「お父さんの食事をつくってくる」と会議を中座するお母さんもいる。お昼は、おにぎりにシュウマイのときもあるし、カレーライスのときもある。圧巻は会議が終わった４時からである。今度は、みんなで餃子をつくり、ビールを飲みながら、また、みんなでまちの未来を語り合う。

　協働は、楽しくであるが、その本質をついた運営だった。

寸劇「協働のまちづくり」の歌（米子市提供）

寸劇・協働のまちづくりの歌 (米子市)

　協働とは何かをわかりやすく寸劇にしたのが鳥取県米子市である。ストーリーは、次のようになっている。

　茶髪の兄ちゃんたちが、公園にたむろし、飲んだ缶をポイ捨てしてしまう。

　この捨てられた缶をおじさんが片づけている（これを演じるのが協働推進課の課長）。おばあさんが、「なぜ片づけているのか」と聞くと、おじさんは答える。「この公園が好きなので、たくさんの人に来てもらいたいから片づけているんだ」。

　それを聞いた、おばあさんが、兄ちゃんたちに話をする。兄ちゃんたちは、一見こわそうであるが、意外と心がやさしい。「そうか、俺たち、迷惑をかけているんだ」と気がついて、一緒に公園をきれいにしはじめる。その輪が広がって、みんなで公園をきれいにするという劇である。

　そして、最後にみんなで歌を歌う。おばあちゃんは三味線しか弾けない。和尚さんは、お経と木魚、給食のおばちゃんは、しゃもじしか叩けない。白い犬が登場するが、犬は「うおーん」としか吠えることができない。しかし、それぞれが、自分ができるところを一生懸命にやると、１つの歌

になるという劇である（市長も登場する）。

こうした劇をつくって、「協働とは何か」を市民にわかりやすく発信する。

［6］少しの想像力を働かそう

考えてみよう➡少し相手の立場で考えただけで、協働の障壁がぐんと低くなる。

相手の立場に立つとはよく言うが、「相手の立場」とはいったい何か。協働を行うことを前提に、行政は市民の立場、市民は行政の立場とは何かを少し具体的に考えてみよう。

◀ 常識の違いと歩み寄り （国立市）

行政と市民とでは、常識が違う。どちらが正しいということではなく、行動原理の違いから生まれてくる。ただ、乗り越えられないものではなく、少し想像力を働かせれば、接近できる。

行政が市民を支える仕組みには、税金の免除、委託、補助、共催、後援、事業協力等がある。メニューはたくさんあるが、これを行政は自由にできるわけではなく、行政の行動原理である公共性・公益性、公平性・公正性などから、一定の制約がある。それでも、想像力を働かせ、相手の立場で考えるなかで、いくつもの改良がおこなわれてきた。

たとえば、委託では、行政からＮＰＯ等への業務委託が広がり、特に指定管理者制度の導入によって、ＮＰＯ等への委託がさらに推し進められることになった。委託は、税金の使い道に関係するため、委託料は後払いが原則となるが、これでは資金力不足に悩むＮＰＯが持ちこたえられないこともある。そのなかで、契約保証金の免除、委託料の支払い方法（概算払、前金払、部分払）の改良が進められた。

経費の考え方も、行政と市民とで、考え方が大きく乖離する。委託事業

における費用積算を見ると、事業に直接携わる人件費（の一部）と物件費だけが積算され、企業に対する委託事業ならば当然想定されるその他の直接費、間接費は考慮されないという運営がなされてきた。委託事業の対価が適正に積算されないということは、ＮＰＯ等の安定的・継続的な運営を損ない、また新たなＮＰＯ等の参入にも障壁になることから、最近では、間接費も委託費用のなかで積算されるようになってきた（東京都国立市など）。

　ただ、こうした改良も容易にできたことではないので、市民側においても、地方自治法等にはさまざまな規定があり、行政も、それを前提に行動しつつ、より現実的な妥協点をさぐってきた結果であるということを理解する必要がある。

◢ 協働の前にお互いを知ろう （枚方市）

　協働の前提は、お互いの立場、行動原理を知ることである。一緒にやる協働の場合、相互理解は、とりわけ重要である。

　自治体職員の場合は、ＮＰＯや協働を知るための研修が、広く行われるようになった。

　それに対して、市民やＮＰＯが行政を知るための研修は必ずしも十分ではない。行政が声をかけて、「協働の前に行政を知ろう」という研修をやるとよいだろう。

　その際のポイントであるが、行政の事業を細かく紹介しても、行政を知ったことにはならない。学ぶべきは行政の行動原理で、市民の税金を原資に活動するゆえに、行政の行動理念は公平・公正になることをきちんと理解することである。そこから派生するさまざまな制約を理解することである。

　こういった研修の必要性を感じたのは、私が、大阪府枚方市のひらかたＮＰＯセンターの副理事長になったときである。驚くほど、市民、ＮＰＯは、行政のことを知らないことに気がついた。そこで、はじめたのが、「協働の前に行政を知ろう」というオフサイトセミナーである（2006年3月）。

その成果は本にまとめたので読んでみてほしい（松下啓一『市民活動のための自治体入門』おおさかボランティア協会・2007年）

［7］小さな成功体験を重ねよう

考えてみよう➡協働を継続するコツは、小さな成功体験の積み重ねである。
協働の成功体験を他の市民に紹介することで、それが自分たちの自信になって戻ってくる。市民でも手が届く成功体験の紹介方法を考えてみよう。

◀ 小さな成功体験の積み重ね

まちづくり全体に言えることではあるが、特に協働事業においては、小さな成功体験は、重要である。小さくても成功すると、うれしいし、それが自信にもつながっていく。協働が楽しくなり、主体的、前向きに関わっていけるようになる。

だから、小さな成功体験があったら、その時その時で、大いに喜んだらよい。若者のカップルの「出会って1か月記念日」のようなもので、「うまくいった」と思ったら、記念にするとよい。

◀ 成功体験を押し付けない

若者たちが、新たなことに関心を持ち、イキイキ活動を続けるように、教員として私が心がけたことがある。それは自分の成功パターンを押しつけないことである。私は、たくさんの場数を踏んでいるので、私なりの成功パターンを体得している。

しかし、それを押し付けたら、発想は固まり、新たな発展や開発の妨げになる。1つの成功パターンにあてはめるようになったら、あとは退歩をはじめるだけである。何よりも若者の成長にはならない。

失敗させることが最も優れた若者の育成法だと言われる。わざわざ失敗させることはないが、地域のまちづくりイベントでは、失敗などといっても、もともと大したことではないし、そんなことを気にしているのは、当事者だけで、他の誰も気にしない。自分が失敗したと思ったら、それを乗り越えてこそ、さらに良いものが生まれてくる。

　多摩市子ども・若者の権利を保障し支援と活躍を推進する条例は、「子ども・若者には、結果にとらわれず、自らの意思で挑戦し、その挑戦を後押しされながら成長する権利がある」としている。言い換えると、失敗する権利があることを条例で宣言した。他には、ちょっとない、すごい規定だと思う。

　若者に対する後押しのコツは、基本を外さないように、その部分だけ注文をつけて、あとは若者たちが、自分たちの得意なパターンで行えるように、口を出さないこととし、ただ若者たちが迷い、困ったら、安心して相談できるような雰囲気、対応を心がけることだと思う。

◢ まちづくりに失敗はない

　たくさんの協働事業に関わってきたが、そこから体験的に言えるのは、「まちづくりには失敗はない」である。失敗だと思っても、まちという大きなくくりのなかでは、たいしたことではなく、失敗も次の成功につながると思うと、成功のようなものである。「失敗は成功のもと」とは名言である。そう考えると、急に気が楽になる。協働では、こうしたポジティブシンキングが大事だと思う。

　学生たちが、ある町の新採用職員の研修補助に出かけた。新採用研修の一環として、まちの新たな資源育成というテーマの政策形成研修があり、そのワークショップを手伝ったのである。正直、私は心配だったが、学生たちは臆する様子もなく出かけ、行った感想は、「楽しかった」。役所からも、「やってよかった」とのことである。学生たちもよくやったが、これを果敢にやった市役所もすごい。無難に成功を狙ったら、絶対にやらないだ

ろう。

でかけるときに、私は、「おもいきってやっておいで」、「骨は拾ってあげる」と言って送りだしたが、実際、まちづくりに失敗はない。

◖講演や発表を頼まれ視察も来る（新城市）

新城市の若者議会は、新聞、雑誌、ラジオ、テレビなどマスコミにも、しばしば取り上げられている。朝日新聞の一面にも大々的に掲載されたこともある（「平成とは　プロローグ：1　次代へ、渡し損ねたバトン」2017年8月27日）。

他自治体の行政、議員等による視察も多い。若者議会のメンバーや職員が、外部から頼まれて、若者政策・若者議会のテーマで講演・発表する機会もある。公式なものだけでも、以下の件数がある。新城市の若者は、口に出しては言わないが、自信になっていると思う。

	行政視察受入件数（件）	事例発表件数（件）
H27	6	0
H28	24	6
H29	34	5
H30	31	6
R1	32	4

視察と事例発表（新城市若者議会）

◖地域情報誌に載る（相模原市南区）

神奈川県相模原市南区の若者参加プロジェクト実行委員会（若プロ）は、地元の地域情報誌・タウンニュースにしばしば掲載される。

地域情報誌といえども、簡単には掲載されることはないが、若プロの活動は、ニュース性があり、また日ごろの連絡や相互の信頼関係があるからだろう。

若者たちは、淡々としていて、マスコミに取り上げられたからといって、

相模原市まちづくり会議での若プロスタッフ（相模原市南区区民会議フェイスブック）

はしゃぐことはしないが、これによって勇気づけられ、自信を持つきっかけになっていることは、間違いない。

［8］協働のミスマッチは、起こるべくして起こる

考えてみよう➡協働のミスマッチは、なぜ起こるのだろう。

「行政は、なぜ市民の提案を受け入れないのか。自分たちは、こんなにいいことをしているのに」…。よく聞く話である。逆に、行政は、「市民は、なぜ自分のことばかり言うのだろう」と思っている。ただ、行政の場合は、口には出せないので、ずっと腹にためこんでいくことになる。協働のミスマッチは、なぜ起こるのだろう。

◖ミスマッチは構造的

　自治体と市民活動団体との間で協働のミスマッチが起こるが、どのように解消したらよいのか、よく聞かれる質問である。

　しかし、私の回答は、質問者を満足させるものにはならない。一緒にやる協働においては、市民活動団体も行政の行動原理に縛られるので、ミスマッチは避けることができないからである。

　一緒にやる協働では、行政と一緒という時点で、行政のテリトリー内での協働になり、行政の行動原理に縛られる。行政の行動原理は、すでに述べたように、適法性、公益性、公平性・公正性、行政計画への整合性等であるが、これは行政が税金で動く組織だからである。他方、市民活動団体は、自分たちが大事だと思うことを自分たちの金で行うので、行政の行動原理とは無関係に動くことができる。そこが、ミスマッチが起こる原因で、その意味で、協働のミスマッチは構造的な問題である。

◖違反したらどうなるか

　それに対して、行政は行動原理に縛られることなく、柔軟に対応すべきという意見もあるが、それはないものねだりである。行政が適法性等の行動原理を逸脱したら、それは行政ではなくなるからである。

　補助は、地方自治法第232条の2の規定に基づき、「公益上必要な場合」において、行うことができる。公益上の必要性について、判例は行政側の裁量を広く認める傾向にあるが、客観的に説明できることが求められている。なるほどもっともであると思われることが要件である。現在行われている煩瑣な審査手続きも、この公益性を支える仕組みのひとつである。

　この限界を超えて、補助金を出せば、監査請求や住民訴訟の対象になり、担当者が損害賠償責任を負い、懲戒処分を受け、下手をすると職を失うことになる。自分たちは、いいことをしているのだという声は、私的な世界ならば通じるが、公共空間では通用しない。

　ただ、行政の限界をめぐっては、微妙なグレーゾーンがあるので、行政

も努力する余地は十分ある。

◖こんなことはないだろうか

　自分のまちに、まちづくり支援補助金制度があって、市民団体が駅前に花を植える活動に補助金が出される制度があった。

　補助対象の終了日は、年度末である。ある市民団体は、2月に花と肥料を購入したが、補助対象の終了日である年度内には、花を植えることができず、4月に入って花を植えた。ただ、市へは、年度内の3月31日に、花を植えたとして、写真を付けた実績報告書を提出して、補助金の交付申請を行ったケースである。

　形式は整っているので、これに対して補助金を交付したが、実は、3月31日は、大雨の日だった。

　これに気がついた市民から、この日は花は植えられないはずはないと言われて、住民監査請求があり、住民訴訟が提起されたケースがある。実際、第一審判決は、補助金の交付が、市の要綱に違反する違法なものであるとして、(要するに市の確認が不十分として)、損害賠償請求が認容されている (高裁では第一審判決の取り消し)。

　自治体職員は、こうした厳しい規律を負っている。「自分たちは、こんなにいいことをしているのに」では済まないことを理解してあげることが必要である。

　以上のように、協働のミスマッチは、構造的なものである。それを防ぐには、一緒にやる協働の成功条件をきちんと踏まえることである。

　次は、第2章「一緒にやる協働の成功条件」を考えてみよう。

第2章

「一緒にやる協働」の成功条件

一緒にやる協働は、相手がいるということであり、

その分、難しさが倍加する。

1＋1を3にするヒントを考えてみよう。

① 行政のテリトリー内の事業であることを踏まえること

　一緒にやる協働の本質は、図（28ページ）を見ればわかるように、行政のテリトリー内での協働である。それゆえ、行政の行動原理に縛られることになる。

［1］法令の範囲内

　考えてみよう➡法の基準を満たしていない事業に補助金を支出できるか。

　空き家をコミュニティ施設に使おうという市民活動団体から提案があった。空き家の活用と地域のコミュニティづくりになる一挙両得の計画であるが、この空き家は法の基準（耐震基準）を満たしていない。この場合でも、その活用計画に補助を出せるか。また、どのように対応したらよいだろう。

◗法律による行政

　行政活動の基本原則が法律による行政である。行政権が肥大化した福祉国家では、行政を適正に誘導するため、法律による行政が求められる。
　法律による行政の内容としては、
①法律の法規創造力の原則：国民の権利・義務に関するルールをつくるのは法律
②法律の優位：行政作用は法律に違反してはいけない
③法律の留保：行政作用を行うには、原則、法律の根拠が必要
　権力的な行政行為に限られず、非権力的な行政行為も含めて行政活動は、

法律を守らなければいけない。

◀ 法律の範囲内の意味

　法律を守るということは当然であるが、「法律を守る」というのはどういうことなのか、ここでは、やや難しい議論が必要になる。その基準となるのが徳島市公安条例判決（昭和50年9月10日最高裁大法廷判決）で、この判決は法律と条例の関係を整理するものであるが、行政活動も法律に違反してはいけないのだから、行政活動についても応用できるだろう。

　この判決では、条例が法律に反しない場合を3つのケースに分けている。

①法令の規定がない（空白の状態）ケース……法令の規定がないということが、当該対象事項については、条例等による規律を排除する意図である場合は、この条例は法令違反となるが、そうでない場合は、規定事項が地方公共団体の事務であれば、条例を制定できる。

　明確な法律がなくても、行政がやってはいけないことをやれば、法律違反と同じということになるということである。

②すでに法令の規定がある場合でも、当該条例が、法令とは別目的である場合は、法律の趣旨・目的・効果等を阻害しない場合には、条例制定が可能である。

　法律があっても、法律の目的・効果を実質的に阻害しないような行政活動は、法律違反にはならない。

③すでに法令の規定がある場合で、同一目的で条例をつくる場合は、法律の基準が、最低基準と見られる場合や全国的に一律に規律する趣旨ではない場合は、上乗せ条例は法令に違反しない。

　法律があっても、上乗せすることが許されているような行政活動は、法令に違反しない。

　②と③は、外形的には法律に反するように見えても、実質的には法律の範囲内の行政活動もあるということである。ただ、その判断は、容易ではないので、注意深く、法律との関係を見極める必要がある。また、この場

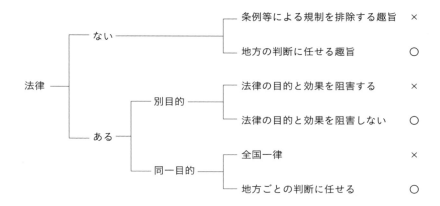

法律の有無と法律の範囲内の行政活動（筆者作成）

合は、法律の留保原則を当てはめ、条例によって、根拠づけることが、必要になるだろう。

◀ 空家等活用促進事業 （八幡浜市）

　この事業は、愛媛県八幡浜市内に点在する、空き家を「まちづくりの資源」としてとらえ、滞在体験施設、体験学習施設、創作活動施設、文化施設など、地域コミュニティの活性化に資する事業である。

・補助対象建築物
　①市内に存する建築物
　②申請日において、居住者または利用者がいないもの
　③一戸建ての住宅、長屋住宅、共同住宅または寄宿舎に該当するもの
　④昭和56年5月31日以前に着工された建築物を利活用する場合は、補助金交付請求までに現行耐震基準に適合した耐震性を確保できるもの
　つまり、法令に合致（耐震基準に適合）していることが条件となっている。

空家等活用促進事業による施設「コダテル」（八幡浜市ホームページ）

［2］行政計画との整合性

考えてみよう➡市の掘割埋立計画に反する掘割保存活動に助成できるか。

　無用の長物となった掘割に、ゴミが投げ込まれ、ドブ川となった。この状態を放っておけない市は、これらを埋め立て、蓋をして下水路とすることとした。これを総合計画に規定し、事業を推進することとなった。この掘割埋立計画に「待った」をかけようと、掘割復元を訴えるNPOから、自主清掃費用の補助金申請があった。これに補助を出せるか。

◀計画による行政・総合計画の意義

　地方自治法の2011年改正で、総合計画の策定義務はなくなったが、自治体の施策全体を体系化し、優先順位をつけ、実施年度や財政計画を明らかにして、計画に掲げた事業の着実な実施を図ることが不要になったわけではない。

　総合計画には、次のような意義がある。

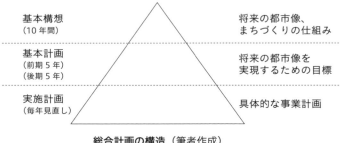

総合計画の構造（筆者作成）

・総合的な観点からの政策の体系化を図る

・自治体経営の将来見通しを明らかにする

・市民への行政活動の説明をする

・限られた行政資源の効率性や有効性を重視し、行財政運営を行う

　総合計画の構造については、基本構想―基本計画―実施計画の三層構造がモデルとされてきた。約9割の市町村が、この三層構造型を採用しているとされる。

・基本構想　まちづくりの基本方向や都市像などの基本目標と、目標を達成するために取り組むべき施策の大綱を示したもので、基本計画及び実施計画の根幹となるもの

・基本計画　基本構想の理念を受けて、その実現に向けて必要となる個別施策を分野別に体系化したもの

・実施計画　基本計画で体系化した個別施策の計画的・効率的な事業を推進するため、財政状況や事業の優先順位に基づいて、主要な事業の年次計画や事業量などを明らかにするもの

◖計画の拘束力

　自治体の行政計画の拘束力は、さまざまである。

①市民に対する法的拘束力を有するもの（都市計画における区域区分―市街化区域と市街化調整区域―の決定、地域地区の決定、地区計画の決定など）。

②市民に対する法的拘束力は持たないが、行政機関を拘束するもの（高速
　自動車国道の整備計画など）。
③自治体の行政上の指針を示すもので、法的拘束力は持たないもの（環境
　基本計画など各種計画）。法的拘束力はないが、単なる願望的を表現したも
　のではなく、自治体の行動を規律するものである。

　③の自治体の計画のなかには、それぞれの施策の指針と方向を示してい
るが、予算や事業を規制する力が弱く、単なるガイドラインにとどまって
しまうものがある。そこで、計画と予算をリンクさせ、また年次計画を定
めて、目標水準を想定するなどによって、実効性が確保されるための仕組
みづくりが重要である。総合計画では、基本構想や基本計画に加え、具体
的な事業計画を定める実施計画をつくり、実行性確保と進捗状況の管理を
行っている。
　総合計画は、最高位の行政計画なので、ここにある記述と反するような
行動は、行政は取ることができない。

◀ 掘割保存活動（柳川市）

　福岡県柳川市は、今では掘割観光で有名な自治体で、掘割を周遊する舟
会社だけでも5社もあり、2020年のコロナ禍以前の観光客は年間136万人
（2018年）にのぼった（2018年観光動態調査・柳川市）。「柳川市観光客動態調
査報告書」（柳川市・2018年3月）によると、リピーターが50.1％、なかでも
4回以上が全体の22.5％を占めた。とりわけ外国人にとって魅力的な風景
のようで、柳川の町は、外国人観光客で賑わった。
　この柳川の掘割も一時、埋め立ての危機に襲われた。掘割は、かつては
生活用水、農業用水などに使われ、また物資の輸送路としても使われてい
た。しかし、高度成長期を経て、上水道が整備され、道路整備が進むと、
生活面でも産業面でも、無用の長物となっていった。使わないから、そこ
にゴミが投げ込まれ、そしてドブ川となっていく。この状態を放置できな
い市は、これらを埋め立て、蓋をして下水路とすることとした。ある意味、

柳川市の掘割（筆者撮影）

当然の選択である。

　この掘割埋立計画に「待った」をかけたのが、環境課の都市下水路係長として配属された広松伝氏である。彼は、堀割の意義や価値を粘り強く訴え、そして市長を説得して、市の方針を変更させることに成功する。

　続いて、広松氏は、住民説明や説得を続けることになる。掘割の浄化・維持は、市民の理解と積極的協力がなければできないからである。自ら、川さらいなどをして範を示しながら、学校区単位、町内会単位で住民懇談会を行い、市民への説明、説得をはじめていった。その数は、2年間で100回以上に及んだという。

　こうした努力が実を結んで、堀割は残り、今日では柳川のシンボルとしてだけでなく、日本有数の観光資源となっていった。

　要するに、当面の、とりあえずの対応に追われがちな行政が、どこまで将来展望を見据えられるかが問われてくる。

［3］自治体の行動原則に合致すること　①必要性

考えてみよう➡婚活支援に助成金を出せるか。

　結婚を希望する独身の男女の新たな出会いや結婚の機会を創出する事業（婚活事業）を実施するNPOから、後援名義の依頼と助成金の申請があった。行政は、支援ができるか。

🔴 婚活支援も自治体の政策になってきた

　かつて結婚は、若者自身の責任であるとともに、家族・親族の責任であり、地域社会などの共同体の責任でもあった。適齢期に達したにもかかわらず結婚相手がみつからない若者には、身近な大人たちが、つり合いのとれる配偶者の候補を見つけてきた。

　工業化と都市化が進むと、今度は、会社が、マッチメイキングの役割を引き受けてきた.

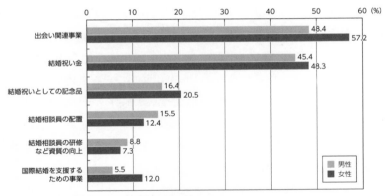

資料：内閣府「結婚・家族形成に関する意識調査」（2010年）
(注)　「出会い関連事業」は「結婚観や生き方の話し合い等「講座型」出会い事業」、「パーティ、スポーツ、レクリエーションや旅行等「レジャー型」出会い事業」、「地域産業を生かした「体験型」出会い事業」、「ボランティアや祭りなどの伝統行事等「共同作業型」出会い事業」、「結婚講座（交際術、ファッション、マナー等）」、「親や地域住民を対象とする若い世代の結婚に関する講習会」のうちのいずれかを選択した割合

地方自治体に行ってもらいたい結婚支援事業（平成27年度版厚生労働白書より一部抜粋）

しかし、脱工業化のなかで、これまでの共同体的結婚システムが衰退していくと、相手探しは自己責任になり、そのコストの高さと困難性から、未婚化が一挙に進むことになる。

　同時に、親戚や地域社会、会社の代替として、行政への期待が高まり、行政が直営で出会いの場づくりを行い、あるいはＮＰＯ等による婚活支援活動に対する協力、助成が、政策テーマになってくる。

　つまり、これまでならば公私を二分し、私的世界には公共は関わらないことで済んでいたが、公共領域の広がりによって、これまで私的領域に位置していたものが、公共的な事業になり、自治体の支援も許容されるようになってくる。

◖ 必要性の基準とその判断

　自治体は、「住民の福祉の増進を図ること」（地方自治法第１条の２第１項）が基本目的で、その行動資源が市民の税金であること等から、自治体が採用できる政策は、市民等からの強いニーズがあり、対応の必要性が客観的に認められるものであることが必要である。

　地方自治体の仕事は、市民の暮らしに広く関わり、市民に関わる事業ならば、必要性がないと断定できる事業は、ほとんどない。そのなかでも、

・目的、趣旨、効果、経緯、財政状況その他諸事情を総合的に勘案して、地域の状況や課題を的確にとらえ、市民が共感できる事業であるか
・公共的で、かつ地域の課題解決や地域づくり（市民が地域に愛着を持ち、地域に貢献する）となる活動であるか
・それは公が供給すべきなのか、またすでに行われている活動に、さらに屋上屋を重ねる必要があるのか

　　等で、支援の必要性を判断することになる。

　自治体の婚活支援は、人口減少・少子化、未婚率の増加、結婚年齢の高齢化等が、政策目的になりがちであるが、第一義的に考えるべきは、「結婚したいが、出会いの機会がない」という市民の思いに、どう応えるかである。

● 婚活事業を中止する自治体 (安芸高田市)

次のような事例について、どのように考えるだろう。

広島県安芸高田市は、2009年度から続けてきた婚活事業を2020年度限りで中止することにした。新市長からの提案で、「そもそも結婚という極めて個人的な話に、公が関与する理由は本来ありません」「少子化対策としての結婚推奨は、結婚できない人、子供が持てない人を苦しめます。LGBTの方々へも配慮が足りません」(石丸伸二 Twitter・2021年2月19日)というのが廃止の理由である。

ちなみに、この事業は10年以上続く協働事業で、これまでに58組の成婚につながったという。それは、この事業をサポートする結婚コーディネーターが18人いて、相談業務、事業の登録者への相手方の紹介活動、出会いの場となるイベントの実施等を行った成果である(中国新聞・2021年2月18日)。

議論のポイントは、第一に、公共性とは何かである。従来の公と私を峻別する公私二分論では、公共を維持できなくなってきて生まれたのが新しい公共論である(33ページ)。空き家問題だって、本来は、個人の所有権の問題であるが、行政の施策になっている。自治経営の観点から、わがまちの公共性とは何かをきちんと議論する必要がある。

第二に、「結婚したいが、出会いの機会がない」という市民の思い(ニーズ)に応えるべく奮闘した協働の当事者に、きちんとした説明が行われたかである。仮に、これまでの事業が、「結婚できない人、子供が持てない人を苦しめ、LGBTの方々へも配慮」が足りないとしたら、どこが不十分だったのか、どのように改良すれば、この欠点を補えるかの検討があってしかるべきである。それでも補えないほどの欠点があれば、これまで奮闘した結婚コーディネーターも納得できるだろう。後述するが、協働の成功条件のひとつは、行政の「逃げない姿勢」である。行政から逃げられる体験をすると、次からは、行政を信用しなくなる。

気になるのは、行政担当者は、こうした課題や市民の思い、これまでの

実績を市長にきちんと伝えたのかである。最後は、市長が決めるとしても、こうした議論をするのが、補助機関の役割である。

◀ いばらき出会いサポートセンター（茨城県）

いばらき出会いサポートセンターは、結婚を希望する若者に「出会い」の機会を提供するため、茨城県と茨城県労働者福祉協議会が共同で設立した団体である。市町村・関係団体・企業・ボランティア等と連携し、全県的な結婚支援体制づくりを進めている。

主な事業は次のとおりである。

① 結婚なんでも相談窓口の設置：婚活当事者だけでなく、家族の悩みにも対応している。成婚まで、次のような流れになっている。

---

1. お相手の検索……iPadにより異性のプロフィールを検索。
2. ふれあい（お見合い）申し込み……条件に合う方で、申し込みをしたい人に、各相談員がプロフィールを添えて申し込みをする。
3. ふれあい（お見合い）……申し込んだ相手から「ふれあいOK」の返事があれば、センターが日程調整を行う。ふれあいはセンター内で行うので安心。
4. 連絡先のお知らせ……お互いの交際意思を確認してから連絡先を交換する。
5. 交際スタート……お互いに連絡を取り合い、交際をスタートさせる。交際中のアドバイス等も遠慮なく相談できる。
6. 成婚（退会）

---

② イベント出張相談の実施：市町村や団体等のイベントに結婚相談ブースを出展し、結婚支援事業の 周知や相談対応を実施している。
③ 企業訪問アドバイザーの設置：企業・団体に出向き、企業・団体等における結婚支援の必要性を説明し、従業員への結婚支援事業の周知依頼や

いばらき出会いサポートセンターホームページ

企業・団体による支援の実施を促進する。

④ イベントコーディネーターの設置：市町村や団体がより効果的な婚活イベントを実施できるよう、企画・運営のアドバイスや必要に応じて当日の運営・進行の支援を実施する。

［4］自治体の行動原則に合致すること ②公益性

考えてみよう➡ 「○○ちゃんを救う会」に補助金を出せるか。

難病で苦しむ「○○ちゃんを救う会」に補助ができるか。「○○病患者を支える会」ならばどうか。感情論とは別に、地方自治法等の補助金を出せる条件から考えていく。

◀公益性とは

自治体は、公共の利益を実現することが存立目的である。公益とは、社

会全般の利益の意味であり、個人の利益（私益）や特定グループの利益（共益）ではなく、事業目的が広く社会の利益にかなうものであれば、公益的な活動・事業と言える。

　ただし、事業の目的や性質から対象者を限定する場合も、その限定が合理的なものであれば、公共性や公益性を損なうものではない。また、対象は限られていたとしても、誰しもがその状況になった場合に同じように参加することができれば、その事業は潜在的に全ての人が参加できるものとなり、公共的・公益的な活動となる。

　公益とは、行政の利益ではない。したがって、現時点での行政の立場に反するが、市民全体の利益につながるような活動は、公益活動にあたる。

◗ 公益性の判断基準

　公益性の認定は、全くの自由裁量行為ではなく、「客観的にも公益上必要であると認められなければならない」（行政実例昭和 28 年 6 月 29 日自行行発第 186 号）。

　判例（神戸地裁昭和 62 年 9 月 28 日判決）の考え方等を敷衍すると、次のような点を考慮すべきである。

① 補助金支出の目的、趣旨（公益上の必要性など）。

② 他の行政支出目的との関連での当該補助金の目的の重要性・緊急性（事業活動の目的、視点、内容などが社会経済情勢に合致していること、行政と民間の役割分担のなかで真に補助すべき事業・活動であること）。

③ 補助が公益目的に合致し、適切かつ有効な効果を期待できるか。

④ 補助金を受ける個人または団体の性格や活動状況（団体の会計処理及び使途が適切であること、団体の事業活動の内容が団体の目的と合致していることなど）。

⑤ 他の用途に流用される危険性がないか（交際費、慶弔費、飲食費、親睦会費等、補助事業の実施とは直接関係のない団体運営にかかる一般管理的な費用への補助はしない）

⑥ 支出手続き、事後の検査体制等がきちんとしているか。

⑦ 目的違反、動機の不正、平等原則違反、比例原則違反（当該目的と補助の程度、補助を受けた者に期待する行動と補助の程度）など裁量権の乱用・逸脱にならないか。

◀「○○ちゃんを救う会」と「○○病患者を支える会」

「○○ちゃんを救う会」のように、特定の個人の支援を目的に事業を行う場合は、個人の利益（私益）に寄与することとなり、公共的・公益的ととらえることはできない。

他方、「○○病患者を支える会」のように、実際の対象者は数名であるが、潜在的な多数性（将来新たな○○病患者が発生してくる可能性や、誰しもが同じ状況になった場合に対象となりうること）が認められる団体は、公共的・公益的ととらえることができる。

これは不特定多数性を一時点でとらえるのか、時間幅のなかでとらえるのかの問題でもある。

不特定多数性は、社会全体の利益を図るものかをチェックするものであるから、現在は特定少数であっても、該当者があればすべて対象にするというのであれば、不特定多数に該当する。

［5］自治体の行動原則に合致すること
③公平性・公正性

考えてみよう➡市税を滞納している人が代表となっている市民活動団体に補助を出せるか。

活動助成の申請を行う市民活動団体やその代表者が、市税や公共料金等を滞納している場合、そこからの補助申請に補助金を出せるか。これも行政の行動原理から考えていく。

◖公平性

　特定の者だけ優遇することは許されないという原則である。公平性には、形式的な公平、つまり「人の現実のさまざまな差異を一切捨象して原則的に一律平等に取り扱うこと」と、実質的公平、つまり「人の現実の差異に着目してその格差是正を行うこと」（野中俊彦ほか『憲法Ⅰ　第5版』有斐閣・2012年）がある。実質的公平は、結果としての均等であるので、その配分が公平であったか否かについては、困難な問題が生じる。

　補助金の原資は税であることに鑑みて、交付にあたっては、公平性の確保を図ることが強く求められる。特に、継続的に行われている補助については、同様の活動を行っていても補助を受けている団体と受けていない団体が存在する場合や、同様の補助を受けていても補助額が異なる場合もあり、そうした点においても、公平性の検証が必要となる。

◖公正性

　公正性の基準には、内容的公正（この制度は正しい制度か）、分配的公正（みんなに公正な制度か）、手続的公正（制度が制定された手続きは正しかったか）がある。透明性も公正性の一種である。市民参加条例、情報公開条例、個人情報保護条例、行政手続条例などは、これら公正を担保するための制度である。

◖公開プレゼンテーション方式

　1998年に特定非営利活動促進法（NPO法）が制定され、さまざまな分野で、行政からNPOへの業務委託が広がっていくが、反面、NPOの下請化の懸念や行政依存、自立化の阻害が生まれてきた。

　そこで、次に開発されたのが、協働提案事業である。NPOが自ら企画立案した協働事業を提案し、行政との契約のもとに実現するというものである。これによって、行政が手を出せなかった課題が取り入れられるとともに、NPOの政策提案能力を高め、経済的な自立性を強めることができ

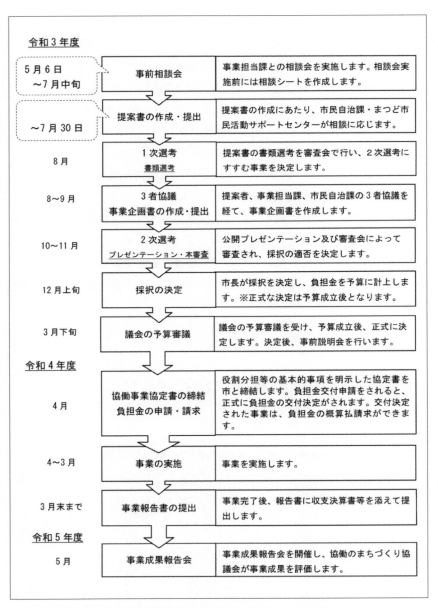

令和3年度		
5月6日〜7月中旬	事前相談会	事業担当課との相談会を実施します。相談会実施前には相談シートを作成します。
〜7月30日	提案書の作成・提出	提案書の作成にあたり、市民自治課・まつど市民活動サポートセンターが相談に応じます。
8月	1次選考 書類選考	提案書の書類選考を審査会で行い、2次選考にすすむ事業を決定します。
8〜9月	3者協議 事業企画書の作成・提出	提案者、事業担当課、市民自治課の3者協議を経て、事業企画書を作成します。
10〜11月	2次選考 プレゼンテーション・本審査	公開プレゼンテーション及び審査会によって審査され、採択の適否を決定します。
12月上旬	採択の決定	市長が採択を決定し、負担金を予算に計上します。※正式な決定は予算成立後となります。
3月下旬	議会の予算審議	議会の予算審議を受け、予算成立後、正式に決定します。決定後、事前説明会を行います。
令和4年度 4月	協働事業協定書の締結 負担金の申請・請求	役割分担等の基本的事項を明示した協定書を市と締結します。負担金交付申請をされると、正式に負担金の交付決定がされます。交付決定された事業は、負担金の概算払請求ができます。
4〜3月	事業の実施	事業を実施します。
3月末まで	事業報告書の提出	事業完了後、報告書に収支決算書等を添えて提出します。
令和5年度 5月	事業成果報告会	事業成果報告会を開催し、協働のまちづくり協議会が事業成果を評価します。

協働事業の一般的な流れ（松戸市協働事業提案制度令和4年度実施分募集要項）

ることになる。

　それまでの行政との契約は、「知り合いである」などといった人的な関係によって左右され、手続的にも不明瞭であったことをNPOは批判してきたので、協働提案事業では、審査の公正性を担保するために、公開プレゼンテーション形式が採用され、今日では、この方式が基本となった。

　公開プレゼンテーション方式は、審査プロセスの透明性・公正性のほか、市民活動団体の学びの機会にもなる。第三者へプレゼンすることを通じて、団体が自分たちのやりたいこと（＝wants）と地域課題としての必要性（＝needs）を意識する良い機会になる。

　他方、弊害も生まれている。審査手続きの公正性、透明性は、判断基準のひとつであるが、審査結果が、内容の是非ではなく、説明のうまさ、好感度で左右されるおそれである。審査委員は、心して審査にあたる必要がある。また、事務局、団体の双方とも、準備等の負担が大きいことも課題である。

［6］自治体の行動原則に合致すること
④優先性・有効性

考えてみよう➡協働事業の場合、優先性や有効性の判断が甘くならないか。

　協働に対する他の課の不満である。協働が自治体の方針となって、協働と名がつけば最優先になり、優先順位が低い事業をやることになる。ともかく、何でも市民活動団体と協働すればよいという風潮になっていないか。

◀優先性

　厳しい財政状況のなか、限りある経営資源では、全ての施策・事務事業に予算配分するのは不可能である。当然、やりたくてもできない施策・事

業も出てくる。優先順位を明確にしながら、施策・事業を行っていくことが至上命題となった。

　他方、市民協働がクローズアップされるなか、市民からの提案された協働事業ということで、ともかく採用すべきというプレッシャーや雰囲気がある。ここが担当課が協働に冷たくなる理由のひとつでもある。

　優先順位づけが主観的にならないような配慮が必要で、総合計画等で、施策・事業の順位づけを明らかにしておくことが有効である。

・有効性・実行性があるか

　地方自治法第2条第14項には、「地方公共団体は、その事務を処理するにあたっては、住民の福祉の増進に努めるとともに、最少の経費で最大の効果を挙げるようにしなければならない」と規定されている。行政の支援、助成に見合う効果が求められる。

・実施方法は具体的で実現可能なものか

・一緒にやることで、より質の高い事業ができ、効果が期待できるか

・事業計画が、具体的でかつ実現可能な内容であるか

・事業を実施するために必要な知識や技術、体制等があり、行政との連携が図られるか

・団体と市が、それぞれの特性や違いを認め合い、信頼関係が確保できるか

　等が判断基準となる。

◤ 優先順位がある施策は何か（相模原市）

　次の図を見て、このまちで優先的に取り組むべき施策は何だろうか。

　相模原市の人口移動（転入・転出）を年代別に見ると、2つの特徴がある。

　1つは、大学生世代（18～22歳）の大幅な転入超過である。これは市内や近郊に、多くの大学が立地していることによる。しかし、この若者も、大学卒業（就職）とともに転出してしまっている。

　ここから、大学入学のために市外から転入してくる若者を地域と関連づける施策と大学卒業後も相模原市に踏みとどまるような施策が、優先的に

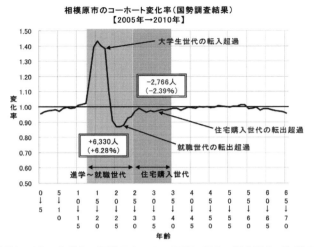

相模原市のコーホート変化率（国勢調査結果）
【2005年→2010年】

大学生世代の転入超過

−2,766人
（−2.39%）

住宅購入世代の転出超過

+6,330人
（+6.28%）

就職世代の転出超過

進学〜就職世代　　住宅購入世代

年齢

変化率

年齢階級別人口移動率・相模原市の人口問題に関する調査研究（相模原市）

取り組むことであることがわかる。その取り組みが、相模原市南区役所と区民会議が連携した「若い世代のまちづくりへの参画促進」「世代間交流促進のための仕組みづくり」事業である。

　もう1つは、住宅購入世代の転出超過である。相模原市は、住宅都市として成長してきた。都心は住宅価格が高いので、住宅価格が比較的安い割には交通の便がよい相模原市に家を買って、相模原市で子育てをする世代によって、この相模原市は支えられてきた。

　ところが、最近になって、肝心の子育て世代が、転出超過になったのである。転出先は、主に東京都心である。都心の地価が下落し、またタワーマンションなどが多く建てられることによって、住宅供給が増加し、そこで相模原市から東京都心方面に引っ越そうという人が増えたのである。これは相模原市の都市形成の基盤が崩れはじめたということであり、この流れが一気に加速すると、人口減少は当初の予想を超えて進む場合も出てこよう。

　ここからも、協働事業の相手方と行うべき協働事業の内容が見えてくる。

② 市民が活躍できる事業であること

　協働とは、まちづくりの当事者が、その持てる力を存分に発揮することである。したがって、協働事業の対象は、市民の得意分野、市民が活躍できる事業がふさわしい。

［1］きめ細かく柔軟なサービスを提供する事業

考えてみよう➡きめ細かく柔軟なサービスを提供する事業には、どんなものがあるか。

　市民ならではの「きめ細かく柔軟なサービスを提供する事業」とは、どのようなものか。思いつくのを出し合ってみよう。

◀ ふさわしい事業

　行政が運営すれば、均質さや公平性が基本になる。市民が運営することで、対象者の個性や特性、ニーズに合わせた、きめ細かく柔軟な事業活動ができるようになる。

　事例としては、子育て支援、障がい者支援、高齢者の生きがいづくり等、人対人（1対1）のサービスでは、市民ならではの強みを発揮できる。

◀ 不登校・ひきこもり支援「アンガージュマンよこすか」（横須賀市）

　内閣府が2010年に実施した「若者の意識に関する調査（ひきこもりに関する実態調査）」では、「狭義のひきこもり」（23.6万人）と「準ひきこもり」（ふだんは家にいるが、自分の趣味に関する用事の時だけ外出する。46.0万人）を合わせ

アンガージュマンよこすか（筆者撮影）

た広義のひきこもりは、69.6万人いると推計している。2015年調査では推計54.1万人、2018年調査では推計61.3万人という結果だった。

　不登校の児童生徒数は、文部科学省「令和２年度 児童生徒の問題行動・不登校等生徒指導上の諸課題に関する調査」では、2020年度は、19万6,127人とされている。

　ひきこもりや不登校は、教育、福祉、労働、医療など多様な領域が関わってくる。また、本人や家族だけの自助努力だけでは解決することは難しく、自治体や学校、関連機関等の公的機関、ＮＰＯや地域活動団体等の民間組織、個人のボランティアなどのネットワークによる協働型支援が必要になる。

　「アンガージュマンよこすか」は、不登校・高校中退、ひきこもりの子どもたちの居場所、学習支援活動を行うＮＰＯとして、2004年に設立された。2015年には、神奈川県から認定特定非営利活動法人として認定されている。

　活動内容は、アンガージュマンの名の通り、「自由の中から生まれた自発的な行動こそ、継続し本当の意味での社会参加につながる」との理念をもとに、子ども・若者に寄り添う空間づくり、時間づくりを行っている。

- 学校外で育つ子どもたち、孤立する若者への居場所、フリースペースの提供
- 不登校・ひきこもりの子ども・若者とその家族に対する支援
- 子ども・若者の学習支援
- 子ども・若者、その家族、教育関係者等との交流の機会、場の提供
- 不登校やひきこもりに関する相談や情報提供
- 他の市民団体との交流や講演会等のイベントの企画、実施

　また、はるかぜ書店という本屋も運営しており、商店街内という立地条件を活かした就労支援も行っている。

［2］専門的知識や経験を発揮できる事業

考えてみよう➡専門性を発揮できる事業には、どんなものがあるか。

　市民のなかには、専門的な知識、技術、経験、ノウハウ、人脈を持つ人もいる。これら専門性を発揮できる事業には、どのようなものがあるか。思いつくままに、出し合ってみよう。

◀ふさわしい事業

　高度な専門知識やノウハウ・独自の人脈を持っている市民がいる。行政では手を出しにくい特定分野に特化した活動を行っている団体がある。こうした市民が、企画段階から参画することで、行政では発想できないアイディアを盛り込んだ事業展開が期待できる。

　事例としては、生涯学習推進事業、文化事業、海外協力、環境保全事業などがある。

会話支援の実習場面（一般社団法人千葉県言語聴覚士会ホームページ）

◀ 失語症・おしゃべりを楽しむ集い（市川市）

　失語症は、脳卒中などの後遺症による言葉の障がいで、話すことだけでなく、聞いて理解することや、読むこと、書くことも難しくなることがある。

　千葉県市川市は、市主催の養成講座を終了した会話パートナーとの会話の場を提供しているとともに、次のような事業を行っている。

・話す・聞く・書く・読む等の言語の機能に障害を持つ失語症についてよく理解した会話ボランティアを養成する「失語症会話ボランティア養成講座」

・その講座を修了した人を会話パートナーとして希望があった失語症者へ派遣する「失語症会話パートナー派遣事業」
　関係者の役割分担としては、

・企業……デイサービス利用者にフォローアップ講座における会話相手を依頼、会話パートナー派遣事業で交わされた会話に対する評価・指導

・当事者団体……養成講座の実習協力

・行政……事務（日程調整や会場手配、広報等）、財政負担
　それぞれの強みを発揮する協働型で実施している。

［3］市民活動団体が先駆的に取り組んでいる事業

考えてみよう➡市民活動団体が先駆的に取り組んでいる事業とは何か。

　市民活動団体が「先駆的に取り組んでいる事業」には、どのようなものがあるか。思いつくのを出し合ってみよう。

◖ふさわしい事業

　行政は、その行動原理から、みんなの関心がある事業しかできない。他方、市民は、自分たちが関心があり、大事だと思った事業を行うことができる。市民が先駆的に取り組んでいる事業のうち、それが多くの共感を得れば、「公共性の熟成」がおきて、行政の政策課題になってくる。

　事例としては、DV防止、子どもの虐待防止、IT普及啓発事業、空き店舗の有効活用、こども食堂等がある。

◖こども食堂 （大田区）

　こども食堂は、地域の子どもや保護者などに食事を提供するコミュニティで、NPOや地域住民によって運営されている。

　日本では、7人に1人の子どもが、相対的貧困の状態にあると言われているが、地域交流の拠点と子どもの貧困対策が、こども食堂の目的である。

　2012年に、東京都大田区で八百屋「だんだん」がはじめたこども食堂が、日本初とされている。NPO法人全国こども食堂支援センター・むすびえの調査では、2021年12月時点では、少なくとも6,014か所のこども食堂があるとしている。

こども食堂「だんだん」（フェイスブック）

［4］地域に密着した事業

考えてみよう➡地域に密着した事業とは何か。

　市民ならではの「地域に密着した事業」とは、どのようなものか。思いつくのを出し合ってみよう。

◗ふさわしい事業

　同じ自治体内でも、地区ごとに、まちの状況や市民ニーズは異なっている。とりわけ合併によって、自治体が大きくなったので、この傾向は顕著になった。もはや全市画一的なサービスでは、市民の期待には、応えられなくなった。地域に根ざした市民の活動と連携し、それを支援するなかで、よりきめ細かな行政サービスを提供できる。

　事例としては、防災・防火活動、防犯パトロール、愛着ある公園づくり等がある。

自主防災組織・総合防災訓練の様子（東大阪市ホームページ）

◢ 自主防災組織 （東日本大震災）

　自主防災組織とは、「自分たちの地域は自分たちで守る」という自覚、連帯感に基づき、自主的に結成する組織で、災害による被害を予防し、軽減するための活動を行う組織である。災害対策基本法では、「住民の隣保協同の精神に基づく自発的な防災組織」（第2条の2第2号）として、市町村がその充実に努めなければならない旨が規定されている。

　2020年4月1日現在で、全国1,741市町村のうち1,688市町村で169,205の自主防災組織が設置され、自主防災組織による活動カバー率は84.3％、5,860万5,994世帯をカバーしている（消防白書）。

　自主防災組織は、通常時は、防災知識の普及、地域の災害危険の把握、防災訓練の実施、火気使用設備器具等の点検、防災用資機材の整備等が主な役割であるが、災害時になると、情報の収集・伝達、出火防止・初期消火、住民の避難誘導、負傷者の救出・救護、給食・給水等で活躍する。

　東日本大震災でも、住民の避難誘導では、自主防災組織担当者が大いに活躍した。行政・学校と連携した避難所運営、孤立地区避難所の自主運営、他地区の避難者の受け入れなど、自主防災組織が奮闘している。

［5］市民が当事者として主体的に活動する事業

考えてみよう➡市民が当事者として主体的に活動する事業とは何か。

　市民が「当事者として主体的に活動する事業」とは、どのようなものか。思いつくのを出し合ってみよう。

◖ふさわしい事業

　市民が行政サービスの客体としてではなく、当事者として、主体的に活動しなければ、解決できない問題が増えてきた。そして実際に、自分たちの問題として、積極的に関わる市民も増えてきた。市民が、主体的、積極的に関わることで、その活動を大きく展開することができる。

　事例としては、コミュニティづくり、女性の自立支援、消費者保護、リサイクル運動などがある。

◖集団資源回収（横浜市）

　リサイクル活動は、市民の主体的な活動が不可欠の事業で、市民の取り組みがなければ進まない。

　集団資源回収事業は、自治会・町内会等の地域活動団体（登録団体）と登録業者が実施する資源物（紙類・布類・金属類・びん類）の回収事業である。市民、事業者、行政がそれぞれの役割を果たして、ごみの減量とリサイクルに取り組む協働事業である。

　回収量に応じて、自治体から奨励金が交付されるが、行政回収と比べ、回収に要する財政支出が少なく、登録団体の活動費として奨励金を有効に活用できるなど地域コミュニティの形成に有効である。登録業者に対しても奨励金が交付されるが、地域経済が活性化に寄与する等のメリットがある。

　横浜市の場合は、1983（昭和58）年から、登録団体に対する助成制度を

1980年代の資源回収（横浜市ホームページ）

はじめている。当時は、自治会町内会の役員自らがリヤカーを引いて、資源物を集めに回っていたことから、物品（リヤカー）助成でスタートした。

　助成開始後は、市民・事業者・行政が、それぞれの役割を果たして、ごみの減量とリサイクルに取り組む協働事業に変わっていった。

［6］行政施策のはざまにある事業

考えてみよう➡行政施策のはざまにある事業とは何か。

　「行政施策のはざまにある事業」とは、どのようなものか。思いつくのを出し合ってみよう。

◀ふさわしい事業

　行政は、法律や規則に基づいて仕事をするので、どうしても部別、課別の縦割りや施策対象の限定が起こってくる。

　しかし、社会環境の変化で、この縦割りに収まらないものが生まれてくる。たとえば、空き家問題は、環境、防災、防犯、景観、まちづくりなど多岐にわたり、担当課が不明確なため、空き家所有者や地域住民等が気軽に相談できない時期が続いた。若者参画も、若者に着目すれば青少年課、

参加に着目すれば市民協働課、従来の子ども政策の延長で考えれば福祉課、教育という観点では教育委員会や生涯学習課、まちづくりで考えるとまちづくり推進課となる。新たな政策ゆえに企画課が担当している自治体もあるなど、担当課が明確でない。

このように新たな政策課題は、さまざまな部課に関係するすき間政策が多い。こうした政策が、ときには押し付け合いになるのは役所の常である。そうした狭間の課題に市民が、現場の視点から先駆的に取り組み、それが自治体の政策をリードすることになる。

また、行政は施策の対象を限定する。国や自治体の子どもに対する政策は、比較的手厚いものがあるが、政策の対象が、事実上18歳（高校卒業）までで、それ以降になると急速に手薄になってしまう。しかし、大人になる時期は、人それぞれである。最近では、大人になる移行期が長引くことによって、18歳を超えても、問題を引きずるケースが増えてきた。たとえば引きこもりは、社会参画の困難事例であるが、そのスタートは、人によってバラバラで、20代前半が最も高い結果になっている。

行政は、課題の一部を切り出して、カバーすることになるが、市民は、それにこだわる必要はない。

◖外国籍市民への学習支援 （浜松市）

国における外国人施策は、社会秩序維持のための出入国管理の強化からはじまったが、外国人の定住化に伴い、日本語教育や就労支援などの生活者としての外国人支援、そして、高度人材などの積極的活用へと、その時々の社会的要因を背景とした変遷をたどってきた。

少子化、超高齢化が進む日本では、今後、さらなる外国人の受け入れが進み、新たな課題への対応も必要になってくる。自治体においては、定住外国人が地域の担い手として、活躍できるような環境を整えることが求められてくる。

定住外国人が抱える課題の一つが、日本語の不自由さである。

浜松市外国人学習支援センター（フェイスブック）

　外国人が日本で円滑に生活を送るためには、日本語を読む・書く・話す必要があるが、日本語には、ニュアンスの違いから異なる意味としてとらえることができる言葉等があるなど難しい。また、日本に居住する外国人にとって日本語学習の権利は保障されておらず、日本語を学びたくても居住地域に日本語教室がない等の状況にある。

　国内の日本語学習者数は、長期的には増加傾向にあり、コロナ禍前の令和元年度日本語教育実態調査（文化庁）では約27万8,000人で過去最高となった。

　日本語教室の開催をはじめ、日本語ボランティア養成講座、多文化体験講座などが市民協働で実施されている。

　静岡県浜松市は、市長のリーダーシップのもと、外国人市民との地域共生の確立のために、市の重点施策に外国人施策を位置づけている自治体である。この施策の推進にあたっては、全庁的な取り組み（オール浜松体制）とするために浜松市多文化共生都市ビジョンを策定するとともに、行政だけでなく施策の推進に携わる団体を構成員とする協議会を開催し進捗管理や情報交換を行っている。

［7］機動性を求められる事業

考えてみよう➡機動性を求められる事業とは何か。

「機動性を求められる事業」とは、どのようなものか。思いつくのを出し合ってみよう。

◖ふさわしい事業

行政の行動原理は公平性・公正性である。そのため、行政の行動には社会的な合意が必要で、そのため、コンセンサスづくりに時間がかかり、また、一定の手続きを踏む必要があることから、行動は後手にまわってしまう。

他方、市民は、制度的な枠組みや公平性にとらわれず、自主的に活動できることから、迅速に事業を展開できる可能性が高くなる。

たとえば、大規模地震が起こった場合、災害発生直後（直後〜1週間）は、被害は高齢者、障がい者、情報弱者に集中する。そのための安否の確認、救出活動（移動介助）、避難所への誘導、けがや病気への応急処置、さらには初期ニーズの把握、ボランティアの受け入れ体制準備、生活必需品の拠出（物資の調達、配布）等の活動は、市民による機動的な活動に頼らざるを得ない。

◖阪神・淡路大震災 （神戸市）

1995（平成7）年1月の阪神・淡路大震災では、地域に未曾有の被害を及ぼしたが、反面、地域コミュニティやNPO、企業も、機動的な活動を行った。

とりわけ、企業の動きは素早かった。スーパーマーケットのダイエーは、テレビで地震発生を知って、直ちに地震対策本部を設置し、動きだした。この日は、たまたま正月の振替休業日で、9割の店舗は休みであった

神戸市六甲道付近（阪神・淡路大震災1.17の記録）

が、生活必需品の不足を予想した同社では、緊急に開店を決め、その日の昼までには、兵庫県47店舗中24店舗、大阪府では47店舗中42店舗で営業を開始している。また、企業内で自然発生的にボランティアの動きが生まれ、それに対して、企業は、ときには業務出張で、ときにはボランティア休暇制度で支援を行っている。

③ お互いに、一緒にやるしかない と思えること

　正直なところ、協働はしんどい。それを乗り越えるには、「一緒にやるぞ、やるっきゃない」と覚悟を決めることである。そう思えることが協働の出発点になる。

［1］協働は、しんどい

> **考えてみよう➡一度、協働に対する本音を吐き出してみよう。**
>
> 　協働は大義名分になっている。協働が大事とは言っても、しょせん、他人事、自分の仕事とは関係ないと思っていないか。腹にためこまずに、協働に対する本音を語ってみよう。

◀ 行政の本音・市民の本音

　協働に対する思いは複雑である。行政、市民とも、表面的には肯定的であるが、次のような本音もあると思う。

　まず、行政である。私は行政に長くいたので、職員の気持ちはよくわかる。正直、協働はあまりやりたくないというのが大半の職員の偽らざる真情だと思う。誰にも文句を言われず、予算を自分たちの好きなように使って、政策を実施できれば、それに越したことがないからである。

　実は市民の本音も同じだと思う。できれば役所が全部やってくれて、市民のみなさまどうぞと頭を下げてもらえるのが一番いいのだと思う。

　双方とも、協働をやらずにすめばそれに越したことはないというところが本音で、ここが出発点である。しかし、すでに書いたように、現実には

協働をしないわけにはいかなくなった。「お互い、一緒にやるしかなくなった」のである。

　協働の政策づくりでは、この本音の部分（協働はしんどい）をしっかりと踏まえて制度設計を行う必要があろう。

◧ 相談しがいがある仲間がいるとがんばれる

　協働活動には、いくつかのヤマがある。まずははじめるときである。このとき、ひとりぼっちでは正直しんどい。「それいいね」と言ってくれる仲間がいれば、「よしやろう」という勇気が湧いてくる。そして途中、困難にぶつかったときも同じである。くじけそうになったとき、気楽に相談でき、よしわかったと言ってくれる仲間が一人でもいれば、気が楽になり、続けられる。相談し合うことで、尖った意見も丸くなくなり、相手に受け入れられるアイディアになっていく。

　市民協働の成功法則の第一歩は、気の置けない仲間づくりだと思う。

◧ 取り扱いに注意・職員接遇マニュアル（東大和市）

　いくつかの自治体では接遇マニュアルをつくっている。そこには、「市役所業務の基本はサービスの提供であり、その根幹である「接遇」によって、お客様と職員が気持ちよく関わることが必要です」（千葉市・清瀬市接遇マニュアル）と書かれている。

　東大和市職員接遇マニュアル（平成29年1月改定版）は、ストレートに、「第一印象向上に向けて宣言します！」として、

・敬いの心を大切にします
・誠意が伝わる身だしなみをします
・心かよわすあいさつをします
・安心をもたらす笑顔で接します
・信頼される親身な対応をします
　と宣言している。

内容的には、もっともなことが宣言されているが、気になるのが「お客様」というキーワードである。よく読んでみると、ここでは「温かく迎え入れる気持ち」を表す言葉として、「お客様」と言っていることがわかるが、「お客様」という言葉は、インパクトが強く、すぐに「お客様は神様」を連想するので、協働のあり方をゆがめてしまわないように注意すべきである。

「お客様は連携協力する仲間」という職員接遇マニュアル協働版も制定すべきだろう。

◀ 協働の相手から好かれる6原則

デール・カーネギー（Dale Carnegie）の「人に好かれる6原則」（『人を動かす』創元社・1999）を模して「協働の相手から好かれる6原則」をつくってみた。協働がしんどいと思ったとき、読み直してほしい。

原則1：相手や相手の活動に誠実な関心を寄せる。カーネギーは、「自分に関心を寄せてくれる人に関心を寄せる」と言っている。つまり、こちらが心からの関心を示せば、相手も協力してくれるということである。

原則2：笑顔を忘れない。楽しいときの笑顔は、相手も楽しくなる。楽しくないときでも、笑顔をつくっていれば、やがて楽しくなる。

原則3：相手の名前を覚える。人に好かれるいちばん簡単で、いちばんたいせつな方法と言われている。これは学生たちからも、「先生、私の名前を憶えてくれてるんだ」と言われ、一気に仲良くなった体験がたくさんある。心がけてみよう。

原則4：聞き手にまわる。誠実に、笑顔で聞けば、一気に距離が縮まる。これを「聴きあう・まち文化」に昇華し、その実践をしているのが、焼津市まちづくり市民集会で、年に1度、市民、行政、議員が一堂に会し、まちの未来を語り、聴きあう場にしている。

原則5：相手の関心のありかを見ぬく。これは、人は自分に関心を持ってくれる人を信頼する。話の理解も進むし、よい答えも見つかるだろう。

原則6：相手を心からほめる。人は、認めてもらうと頑張るからである。

人のよいところを見るという行動に心がけよう。「励ます地方自治」は、もうひとつの地方自治のあり方を目指す試みである（松下啓一『励ます令和時代の地方自治—2040年問題を乗り越える12の政策提案』木鐸社・2020年）。

［2］覚悟を決める

考えてみよう➡協働には覚悟が必要である。

協働は正直しんどい。それを乗り越えるには、行政も市民もやるしかないと覚悟を決めることである。その覚悟の決め方には、どんな方法があるだろう。

◖アメリカのまちづくりから学ぶこと

協働型まちづくりの原型は、アメリカのまちづくりである。1970年代、アメリカでは、都心及び都心周辺部において、空白化・衰退現象が起こるが、それをクリアランスするまちづくりが行われる（12ページ）。協働型のまちづくりであるが、そこから協働の成功する条件を学ぶことができる。

第一は、逃げることができないと覚悟を決めることである。他の環境のよいところに移ることもできない。だから、そこでがんばるしかないと思うことである。

第二は、何もしないとどんどん悪くなってしまう。ますます犯罪が増え、地価も下がり、商売あがったりになる。手をこまねいていても問題は解決しない、やるしかないと腹をくくることである。

第三が、大胆な妥協である。アメリカのまちづくりを見ていると、行政とNPOは驚くほどの大胆な妥協をする。0か100かでは、何も進まない。思い切った歩み寄りが必要ということである。

この3つを決意できることが、協働の成功条件だと思う。

◀ 成功体験からの決別

　戦後、地方自治法ができたのが1947年（昭和22年）である。その後の昭和の時代は、地方自治の成功体験の時期であった。経済発展による税収の大幅な増加で、「税金で地方自治ができた時代」である。公害・環境、福祉など、さまざまな分野で地方自治の成果が花開いた。

　バブルの崩壊は、1991年である。平成3年にあたる。平成時代は、昭和の地方自治の成功体験の余熱に浸りながらも、そこから逃れて、「新たな地方自治を目指し、もがいた時代」でもある。内容は、内向きで、行政の改革（合併等）、行政への民間手法の導入等であるが、その効果は限定的で、むしろ弊害が目立つようになった。

　そして、令和の時代は、いよいよ地方自治の成功体験から決別し、新しい地方自治に大転換する時代である。枕詞のように使われていた人口減少、超高齢化がリアルなものとなり、否応なしに日々の暮らしを変えはじめた。新型コロナウイルス問題では、これまでの政治・行政システムの脆

時代	昭和	平成	令和
人口の動向	人口増加	人口増の鈍化・人口減少	人口減少
経済状況	経済発展	経済停滞	経済停滞・新型コロナ
税収・歳出の動向	税収の増加 豊富な税収による国土開発	税収の伸び悩み 社会保障費の増加	税収の伸び悩み 社会保障費の増加 新たな経費の発生（コロナ対策）
行政運営	政府による投資型行政運営	政府による縮減型行政運営	政府・市民による協働型行政運営
自治体事務の性質	機関委任事務	自治事務・法定受託事務	自治事務
自治体改革	国主導の事務改善（効果的、効率的な事務執行）	自治体主導の行政改革（団体自治改革＝コストカット、合併・民間手法の導入）	自治体・市民によるまちづくり（住民自治改革＝市民参加、市民協働）

自治体の役割・機能の変遷（筆者作成）

弱性が明らかになった。これまでの地方自治法の成功体験のくびきから逃れて、新しい世界に飛び出るときである。

　その処方箋は、チェックや監視の地方自治から「協働の地方自治」への転換である。税金だけの地方自治から、さまざまな市民が、その知恵や経験、行動力を存分に発揮する地方自治である。これまでとは違う新しい地方自治のかたちの構築には、多少の勇気がいるが、今こそ、その試みをはじめる時である。

◀ 覚悟の決め方・10年後の町が、どんな状況になっているか （船橋市）

　千葉県船橋市は、毎年、将来財政推計を出している。過去の決算額や将来人口推計値、事業量の伸び、大規模事業の見込みなどの諸条件を設定したうえで、今後の一般会計（歳入歳出見込み額の推移）を試算したものである。実際の予算額とは違ってくるが、
・今後市ではどのような分野に、どの程度の需要が見込まれるのか

【予算ベース】	（予算）	（推計）									→（単位:億円）
	R1	R2	R3	R4	R5	R6	R7	R8	R9	R10	R11
歳入総額	2112.3	2073.9	2026.4	2074.4	2090.2	2087.7	2087.5	2085.6	2083.3	2084.9	2090.2
市税	1015.7	1015.0	1007.4	1023.7	1032.9	1024.7	1029.4	1034.9	1028.5	1033.5	1036.7
			市の歳入の中心となる市税収入は、1000億円程度で推移することが見込まれる								
国県支出金	495.3	499.8	486.7	495.7	501.6	508.3	515.7	514.2	514.2	513.6	517.0
財源調整基金繰入金	40.0	35.0	35.0	35.0	35.0	35.0	35.0	35.0	35.0	35.0	35.0
市債	191.8	143.1	117.2	135.0	138.2	136.7	125.1	120.7	122.2	120.4	119.5
その他	369.4	381.1	380.1	385.1	382.5	383.0	382.3	380.9	383.4	382.4	382.0
歳出総額	2112.3	2088.1	2071.9	2122.3	2171.8	2170.3	2167.7	2165.3	2181.1	2168.2	2186.7
人件費	358.2	385.2	387.7	386.0	393.1	388.2	388.3	383.7	392.9	384.3	389.6
扶助費	590.6	605.8	616.3	628.9	641.9	655.3	657.7	658.6	659.1	660.4	663.0
公債費	147.8	157.7	167.8	174.8	178.4	175.7	174.6	176.0	175.8	176.6	179.2
普通建設事業	247.1	199.4	140.9	162.7	171.7	157.0	142.8	145.3	140.6	134.0	137.3
その他	768.5	739.9	759.1	769.9	786.7	794.1	804.4	801.7	812.6	812.9	817.5
収支差額		▲ 14.2	▲ 45.5	▲ 47.9	▲ 81.6	▲ 82.6	▲ 80.2	▲ 79.7	▲ 97.8	▲ 83.3	▲ 96.5

将来財政計画（船橋市ホームページ）

・これから予定される普通建設事業費にはどのくらいのお金が必要なのか

・市の借金である市債の返済（公債費）はどのように推移していくのか

・市の貯金である財源調整基金残高の推移はどうなっていくのかなど

　こうして浮かび上がった課題を洗い出し、今後の行政需要に対応していくための方策を検討するためのツールとしている。

　その結果によると、義務的経費の増大が著しく、財源調整基金を毎年35億円繰り入れる予算編成を行っても、毎年大幅な収支差額（赤字）が生じるとしている。要するに、これまでの行政のやり方を踏襲していくと、基本的な行政サービスの提供にも支障が出るということである（令和元年度版）。

　厳しいけれども、起こりうる未来をきちんと示して、覚悟を決めていかなければいけない。

◖ブライアント公園（ニューヨーク市）

　ニューヨーク市は観光都市で、全世界、全米から観光客がやってくる。ニューヨークの5番街と6番街の間、42丁目辺りは、ニューヨーク市立図書館、その隣がブライアント公園で、ニューヨーク有数の観光スポットである。しかし、このブライアント公園で麻薬取引が行われ、殺人事件まで起こるようになる。観光客は寄り付かず、その周辺のお店は、商売が立ち行かなくなる。

　そのなかで立ち上がったのが、周りの商店主の人たちである。仲間同士でNPOをつくり、地域住民と一緒になって、まちの浄化活動をはじめる。協働型まちづくりである。

　実は、ここに協働がうまくいくヒントがある。つまり、協働は、協働しないと困る状況でなければ、なかなか前に進まないのである。この地区では、何もしないと商売が立ち行かなくなるから、住民は立ち上がるのである。協働がトレンドだからとか、総合計画に書いてあるからという理由では協働は成功しない。職員一人ひとり、市民のそれぞれが、「やるっきゃない」と思えることが、協働がうまくいく前提である。

ブライアント公園（Bryant Park ホームページ）

［3］市民リーダーの心がけること

考えてみよう➡行政側のパートナーとしてふさわしい市民リーダーの理想像は。

　協働事業では、行政と一緒に活動するリーダーの力が、事業の成否に大きく影響する。行政側から見て、パートナーとしてふさわしい理想の市民リーダーはどんな人か。

◖リーダーシップの理論

　リーダーシップには、いくつかの理論がある。

　わかりやすいのが、特性理論で、リーダーには共通する特性があるはずと考えるものであるが、時代背景や状況によっては、その特性も活かせない場合も多い。

　行動論は、リーダーの素質ではなく、行動に注目するものである。PM理論は、P = Performance（集団の目的達成や課題解決に関する行動）、M = Maintenance（集団の維持を目的とする行動）の2軸のマトリクスで、リーダー

の行動を類型化するものである。P行動とM行動が共に高いPM型（目標達成でき、集団をまとめる力がある）のリーダーシップが望ましいとされる。

　リーダーシップ条件適応理論は、リーダーを取り巻く環境、すなわち組織やメンバー、社会環境などの環境や条件を踏まえて、リーダーが取るべき行動を変えていくべきとする理論である。

　リーダーは、フォロワーや環境の状況に応じて、行動を指示型、説得型、参加型などに使い分けていくことになる。仕事が困難で不確実なときは、リーダーは、仕事に対する具体的指示やアドバイスを出し、他方、仕事が安定的に進んでいるときは、メンバーの自主性を尊重し、後押しに注力すべきである。

◀市民リーダーの理想像

　「地域づくり人育成ハンドブック」（総務省人材力活性化・連携交流室）によると、地域活性化の中心となるリーダーに必要なのは、①「地域を良くしたい」という情熱と信念と②地域住民のさまざまな意見を引き出し、まとめる力があることである。

　確かに、情熱と信念がなければ続けられないし、ばらばらになりがちな市民活動では、まとめる力が重要になる。

　こんな市民リーダーならば、信頼がおける。信頼関係が構築できると、協働事業は一気に進む。私が知り合った市民リーダーの行動様式等をまとめると、次のようになる。

①関係者の意見まとめ、かたちにできる合意形成力
　・事前の相談を欠かさない
　・ホウレンソウのコミュケーション
　・感謝の言葉を忘れない（メールでもよい）
　・できるだけ多くの人を巻き込む
　・お互いWin・Winで考えていく
②自ら現場に出て、住民と共に汗を流す当事者性

- ・フットワークが軽く、気楽に出向く
- ・待っているのではなく、働きかけてみる
- ・よいアイディアがあったら、すぐにメモを取る
- ・小さくても着実な成功体験

③行政の意義や限界を知り、その力を上手に引き出せる柔軟性
- ・目標を共有する
- ・できることをやってもらうという発想

◖リーダーの言葉から（大牟田市・新城市）

　福岡県大牟田市の安心して徘徊できるまちづくり活動をリードした「はやめ南人情ネットワーク」代表の汐待律子さんは、地域活動におけるリーダーの心構えを次のようにまとめている。
- ・「一人一役」「一人の百歩より百人の一歩」
- ・地域住民自身が主役にならないといけない
- ・そういう気持ちになるような仕掛けが必要
- ・地域づくりに参加する住民の発言は命、それを共有してみんなで考えていく
- ・地域づくりには長い時間がかかる。今ダメなものは、「今は」ダメ

　新城市で、福祉のまちづくりを推進している前澤このみさん（新城市社会福祉協議会会長）は、次のように言っている（松下啓一『自治するまちのつくり方—愛知県新城市の全国初の政策づくりから学ぶもの』（イマジン出版・2021年）。
- ・市民は、「地域の暮らしの専門家」なので、その視点と立ち位置を忘れない
- ・自分は、「代表して」いるわけではなく、周りの人から意見を預かって抱えてくる立場
- ・わからないこと、できないことは、わかる人やできる人に任せる。知ったかぶりはしない
- ・自分で自分の基準を持つことが長続きのコツ

・時間が許せば、面倒でも話し合いを重ねるなかで結論を出す
・機嫌の悪い顔をしないということも、案外、重要

［4］行政の断固たる決意、逃げない姿勢

考えてみよう➡行政の姿勢が協働事業の成否に影響する。
　横浜市では、目標であるゴミの30％減量をなんなく達成した。協働事業では市民と一緒に活動する行政の姿勢が、事業の成否に大きく影響する。市民側から見て、パートナーとしてふさわしい行政の態度・姿勢はどんなものか。

◀ 行政の断固たる決意・逃げない姿勢

　協働において信頼関係ができあがるには、行政側の姿勢と行動も重要である。役所は公正で、不平等な取り扱いはしない、役所はルールに則って、きちんと市民を守ってくれるといった信頼が広く行き渡っていれば、市民は安心して活動できる。

　行政は逃げずに「一緒にやってくれる」という強い信頼があれば、市民も安心して力を発揮する。役所側の断固たる決意、逃げない姿勢も重要である。

　実際、私もいろいろな活動をして思うのは、行政が逃げずに「一緒にやるぞ」という強い意向を示すことが、市民の活動の安心につながり、自信につながっていく。

◀ ゴミの減量はなぜできたか（横浜市）

　政策づくりや市民協働において、役所はきわめて大きい存在である。それは、市民と比較して、大きな権限や資源（人・もの・情報・金）を持ってい

るからである。役所に対しては、さまざまな批判もあるが、市民にとっては、役所は頼りになる存在と言える。その役所が真剣になると、それが市民に伝播していく。個々の職員の頑張りが、一人ひとりの市民にも伝播する。

　市民主体というと、市民に任せて行政は手を出さないことと誤解されている。むろん、過度な干渉は市民の自立を妨げるが、市民の自立を意識するあまり、市民から距離を取りすぎると、市民は突き放されたと感じてしまう。役所が逃げるのではないかと疑心暗鬼になれば、市民は、途端にシラケてしまう。

　横浜市で、ごみ減量30％を目指す横浜Ｇ30プランが、目標を大きく超えて成功したのは、行政の強い意気込みと地道な実践が、市民に見えたからである。行政の本気さが、市民に伝播し、市民一人ひとりが安心して、ごみの減量・リサイクルに取り組めるようになった。

　役所の支援というと、補助や委託を思い浮かべるが、むしろ、こうした断固たる決意、逃げない姿勢こそが、役所ならではの支援の基本と言える。

ごみ分別状況の確認（横浜市ホームページ）

④ 1＋1を３にする

協働では、それぞれのセクターが、それぞれのよさを持ち寄って、高め合うことで、より高度な事業目的が達成される。1＋1＝3を心しよう。

［1］Win-Win

考えてみよう➡協働で基本となるのはWin-Winである。

協働事業に参加している人たちのWinはさまざまである。若者、中高年、高齢者、それぞれごとのWinは何だろうか。

◀Win-Winの関係づくり

一方だけが得をし、一方だけが負担をする関係では、結局、長続きはしない。

一緒にやる協働の場合は、双方が当事者なので、基本となるのはWin-Winである。

Win-Winは、スティーブン・R・コヴィーの『７つの習慣—成功には原則があった』（キングベアー出版・1996年）が有名であるが、役所に金がなく、人手が不足しているので市民に頼もうという一方的な動機では、協働は長続きしない。役所とＮＰＯの双方に関わったという私自身の経験からいうと、双方に協働のメリットがあるという「実利」、協働が明るい未来につながっているという「展望」をつくることが、協働の成功条件だと思う。

この本はビジネス書とされるが、協働の成功法則にも、そのまま当てはまる。

第1の習慣　主体的である（Be Proactive）

第2の習慣　終わりを思い描くことから始める（Begin with the End in Mind）

第3の習慣　最優先事項を優先する（Put First Things first）

第4の習慣　Win-Winを考える（Think Win/Win）

第5の習慣　まず理解に徹し、そして理解される（Seek First to Understand, Then to Be Understood）

第6の習慣　シナジーを創り出す（Synergize）

第7の習慣　刃を研ぐ（Sharpen the Saw）

人の持つ4つの資源（肉体、精神、知性、社会・情緒）を維持、再新再生するということである。

◖行政・市民活動団体のWin

行政にとってのWinは、

（1）新たな発想や行政とは違う視点が得られる

（2）協働のパートナーのノウハウやネットワークを活用できる

（3）単独で実施するよりも、事業の定着や広がりが大きい

（4）情報の拡散力が大きく、広くPRできる

市民活動団体にとってのWinは、

（1）ミッションが達成しやすくなる（団体だけではできなかった課題解決やサービス提供ができる）

（2）情報、ノウハウ、人材を活かす機会となる

（3）社会的認知や評価を高める機会になる

（4）労力や費用負担を軽減できる

◖若者にとってのWin（新城市）

実利というと、経済的なものと思いがちであるが、もっと広範である。

まちづくり大茶話会・しんしろ（新城市役所提供）

　とりわけ若者にとっては、最大のWinは、自己肯定感・自己有用感の獲得である。日本の若者は諸外国と比べて、自己を肯定的にとらえている者の割合が低く、自分に誇りを持っている者の割合も低いとされる。しかし、まちづくりへの参加が、自分の自信を取り戻していく機会になるとわかると、若者は時間を使う。よく「時間がない」と言うが、これは優先順位が高いと思わないという意味である。

　若者たちが、自分たちが考えているよりも、世間の評価が、ずっと高いことに気づくのは、外に出たときである。

　若者たちが、地域に出かけると、地域の人たちがやさしく声をかけてくれる。来てくれてありがとうと言われるだけで、若者たちは、自信を持つ。ワークショップで若者らしい発言をすれば、「なるほど」と言って頷いてくれる。これだけで、若者は自信を取り戻す。こういう場を心がけてつくることが協働である。

◗ 中高年のWin（横浜市）

　60代以上では、「社会やお世話になったことに対する恩返し」がWinで

ハマボノの仕組み（横浜市ホームページ）

ある（71 〜 72ページ）。

　40代や50代では、「自分の知識や技術を生かす機会」があることがWinになる。近年、プロボノという言葉が市民権を得てきた。プロボノは、ラテン語のPro Bono Publico（公共善のために）を語源とする言葉で、社会的・公共的な目的のために、自らの職業を通じて培ったスキルや知識を提供するボランティア活動である。その活動の基本にあるのは、自らの知識・技術を生かすことがWinという心情である。

　ハマボノは、横浜市のプロボノで、地域活動団体とプロボノ参加者をマッチングする仕組みで、参加者は仕事の経験を活かして地域を支援する仕組みである。広報ツール作成、マニュアル作成、ニーズ調査などが例示されているが、なかなか地域活動団体では、手が回らない作業である。これを期間限定で支援する。

◀ Win-Winをつくれなかった事例

　ある町で産廃反対運動があった。本来、対峙すべきは産廃事業所なのに、やたら行政を敵視して、Win-Winの運動が組み立てられなかった。現状に

比べ、制度が遅れていることは、行政もわかっている。それを解決するのが行政のWinであるが、敵視されては、知恵の出しようがない。

　Winを見誤った例もある。若者の主な参画動機は、自分が成長したい。自分を変えたいである。一番まずいのは、若者が、「自分たちはうまく利用されている」と感じることである。「君たちに任せる」と言って、実は、微に入り細に入り、指示して、不信を買うというケースもある。大人から見れば、若者がモタモタしていて、見ていられないということであるが、任せたと言ったのだったら、任せなければいけない。これらは成功を目指す大人と、成長が目的の若者とのミスマッチに由来する。

　Win-Winは、ときにはバランスが崩れることがある。特に慣れてきた時が要注意である。

［2］違いを知り・強みを活かす

考えてみよう➡協働とは、それぞれの強みを発揮することである。
　まちづくりや地域課題の解決に関して、行政、地域活動団体、市民活動団体・企業の持っている強みは何だろう。強み比べをやってみよう。

◀ 違いが強みであること

　行政と市民とでは、行動原理が異なるが、その違いが、自治全体にとっては強みになる。

　行政のミッションは、市民全体の幸せの実現であるので、役所は、みんなのためを考え、公平・公正に配慮し、適正な手続きで行動することが要請される。その結果、行動できる範囲は限定されるが、安定的で継続的なサービスを提供できるのが強みである。

　これに対して、市民の行動原理は、自分の関心の赴くままに行動できる

が、それは活動の源泉が、自分たちのお金であることに由来する。それゆえ新たな政策課題に気兼ねなく取り組むことができる。この両者の違いが出発点であり、かつ大切なところでもある。

　したがって、この違いを一緒にしてしまったら、せっかくの価値を減殺することになる。縦糸と横糸の関係である両者がしっかりと編みこまれた社会は、懐が深い社会ということでもある。

公共の担い手	強み・得意
市民活動団体	○専門分野の知識が豊富である ○現場をよく知っている ○小回りが利き、臨機応変に対応ができる ○公平性・公正にとらわれず、ターゲットを絞るなど、自由度が高く、柔軟な対応ができる ○横のつながりがあり、ネットワークを生かせる
地域活動団体	○地域のことをよく知っている ○お互いの顔が見えるような人間関係がある ○地域に対する愛着がある ○団結や協力・連携、物事に一斉に取り組みやすい ○口コミによる伝達力がある ○会合や活動の拠点施設がある
企　業	○利益につながれば、機動性に富んだサービス提供が行われる ○ヒト（人材・社員）、モノ（設備・建物、材料などの物的資源）、カネ（資金）のほか、専門知識、ノウハウ、コスト管理、情報、ネットワーク、技術力、信用、ブランドなどを活用できる
行　政	○優秀な人材がそろっている ○公共機関としての信頼感がある ○全体を見渡しながら公平、平等に判断する ○権限、財源がある ○一定の継続性が担保されている ○用具や機材等の物品や広報手段が豊富である

公共の担い手の強み・得意分野（筆者作成）

◀ それぞれの強みを寄せ合う（相模原市南区）

　相模原市南区の若者（若プロ）が企画・運営するのが、一番輝く南区づくり交流会〜産学官連携プレゼン大会である。相模原市南区にあるさまざ

な名産品や人の取り組みなど、まちづくりに活かせる資源をアレンジして、具体的なプランを提案するプレゼン大会である。主にまちおこしや産業振興という観点から、資源の掘り起こし、事業化を考えるイベントと言える。

　このアイディアコンペも、若者、区民会議、行政が、それぞれ強みを発揮し、力を合わせて実施している。

　このイベントの企画運営を若者たちが行う。毎年のテーマは、若者たちが決める。毎回、いかにも若者らしいテーマ設定である。ポスターも若者たちがデザインを考える。

　区民会議は、この若者たちの取り組みを温かく見守る。アドバイスをするときは、こうしたら、もっと良くなるという提案型である。

　この若者たちを支えるのが行政である。若者たちが、アイディアを出し合う場の設定から、当日の会場確保、広報、ポスター印刷、会場設営や運営の支援など、目立たないが、必要な裏方作業が山ほどある。行政はこれを着実に実施している。

アイディアコンペ・準備作業も和気あいあい（相模原市南区提供）

［3］目的の共有

考えてみよう➡なぜ協働なのか、10秒で言おう。

　今、行っている協働事業の目的を10秒で言ってみよう。10秒以内に言
えたら、身についている証拠である。「政策立案の10秒ルール」のひとつ
である。

◖「目的」に時間を使い、大いに議論する

　政策づくりでは、目的が決まれば半分終わったようなものである。逆に
言うと、目的は、その政策の大黒柱であるから、十分議論して内容がぶれ
ないように詰めておくべきである。大いに時間を使い、大いに議論してほ
しい。

　目的の共有（目標の共有）では、

・目標の見える化

・目標達成のわかりやすさ、具体的さ

・目標の意義（価値の確認、やらなきゃと思う）

・達成できそうであること

　がポイントになる。

　目標の達成・活用にあたって心すべきことは、

・お互いの役割を理解する

・迷ったら目標の再確認をする

・手段の目的化に注意する

・目標達成にはさまざまなアプローチがある。自分の得意な方法を使う

・アプローチは一本調子ではなく、時には柔軟な変更を行う

　などに気をつけよう。

◀目的は３層構造で考える

　一般に目的は３層構造になっている。直接的、中間的、最終的な目的である。これを区別すると、思考がクリアになる。

　シビック・プライドの政策化で考えると次のような構造になっている。

① 直接的な目的
  ・地域に対する愛着・誇り、共感を高める
  ・当事者性、関係性を高める
② 中間的な目的
  ・社会を活発化し、豊かにする
  ・移住・定住化を推進する
③ 最終目的
  ・市民の知恵と力を生かした豊かな自治をつくる
  ・健全で活力に満ちた地域社会の実現を図る
  ・自治体の持続的な発展を目指す

◀目的を共有することの効用（新城市）

　2017年11月の新城市長選挙においては、住民運営の公開政策討論会が計画された。このときは、立候補予定者同士が協議して、それぞれが３名の委員を推薦し、計９名の委員で実行委員会を組織して、実施方法を検討することになった。なお、2020年６月議会では、市長選の立候補者による公開討論会が条例制定された。

　普通に考えると、利害が対立するメンバーで構成される組織が、全員で合意できる企画をまとめることができるのかという疑問も出るが、和気あいあい、前向きで建設的な議論が交わされた。

　ここに協働活動がうまくいくヒントが見てとれる。

　第一が、目的が共有されていたということである。

　メンバーたちの間で、まちのため、地域のためという共通の目標が共有されたことで、立候補予定者の利害を越えた行動を行うことができた。言

い換えれば、だれのため、何のためにという根本をおさえておけば、議論が迷走したときに、原点に立ち返って議論を進めることができるということである。ついつい、先に行こうとしがちであるが、この目的の共有のところは、時間をかけて、しっかり共有することが大事であることを示している。

第二に、運営上のルールを決めておくことである。

仲間同士ならば、あえてルールはいらないかもしれないが、このケースのように、年齢や立場など各委員の属性も異なれば、各委員の価値観や思想信条も異なる場合、はじめから運営上のルールを明確にしておく必要がある。

［4］情報共有

考えてみよう➡地域情報の共有の仕方を開発しよう。

　地域に暮らしていても、案外、地域情報を知らないことが多い。地域情報を共有する方法を開発してみよう。

◀ 使える情報の共有（佐賀市）

　情報を知らなければ、地域の公共主体として、活動できない。次の点に配慮した情報提供を心がけよう。
・広く住民にとってわかりやすく、共感を得ることができる情報提供
・知りたい住民にターゲットを絞った情報提供
・市民がまちのために活動してみようと、そのきっかけになる情報提供
・まちのために活動している市民の励まし、後押しとなるような情報提供
・行政と市民、あるいは市民間で、対話と交流のきっかけとなる情報提供
・市民が発信する公共情報の提供

さらには、お互いの情報の共有がなければ、1＋1が3にならない。

行政が保有する情報は、市民の情報公開請求権など、市民に対する情報提供や公開制度が整備されている。引き続いて、市民の目線での着実な実施が求められる。

他方、市民も公共政策の主体であり、その情報も共有財産として相互に利用すべきである。この考え方に立てば、行政・議会からの一方的な情報提供だけではなく、市民からの積極的な情報提供のシステム化も必要になる。また市民間での情報共有も射程に入ってくる。

「つながるさがし」（佐賀県佐賀市）は、地域住民が発信者になる協働型の地域情報サイトである。地域住民みんなでつくる電子回覧板である。

◖防災メールを使った情報共有・ちがさきメール配信サービス（茅ヶ崎市）

多くの自治体で、防災行政用無線の緊急情報や市からのお知らせなどを携帯電話やスマートフォン、パソコン等にメール配信するサービスを実施している。これを活用して、公共情報を共有することができる。

神奈川県茅ヶ崎市のちがさきメールは、防災情報のほか、
・職員採用試験情報
・市税納期限のお知らせ
・市からのお知らせとして、次の9種類の情報について配信している。
　・お祭り、ツアー情報
　・子育て、こども向けイベント
　・農業・水産業
　・市政情報
　・芸術、文化、歴史
　・健康づくり、運動
　・就職支援
　・その他イベント等
　・新型コロナウイルス感染症関連情報

配信時間は、8時30分から21時までで、これならば、通勤途上やちょっとした空き時間に、見ることができる。若者に伝達する手段にもなる。

◖LINE（ライン）を使った情報発信（熊本市）

市民が、最も使い慣れているアプリのひとつであるLINE（ライン）に着目し、市民との情報共有に積極的に使いはじめる自治体が増えてきた。

熊本市は、2017年4月に、LINE社と「情報活用に関する連携協定」を締結し、地域防災、地域振興、市政情報の発信・収集にLINEを積極的に活用している。

熊本市が、LINE公式アカウント（2018年3月）を開設した背景には、2016年の熊本地震があった。当時、熊本市が所有していたオンラインチャネルは限定的であったという反省から、TwitterなどのSNSも開設するとともに、LINEも導入したものである。

LINEは、多くの市民が普段、使用していること、またLINE は、1対1のコミュニケーションツールという特性もある。これらを融合し、活かせば、地域防災、地域振興等の分野において、より市民ニーズに合致した利用方法が開発できる。

熊本市は、複数のカテゴリから希望する受信情報を指定できる情報配信機能、市民のニーズに応じて、家庭ごみの分別検索や新型コロナウイルス感染症情報の発信・検索機能に加えて、2020年6月より、市民レポート機能を追加した。

これは、がけ地・斜面の異常、水道の漏水、道路、河川、公園の損傷、資源物等の持ち去りを発見したときは、通報

熊本市公式LINEアカウント
（熊本市ホームページ）

できるシステムである。これらの通報は、電話等によっても通報できるが、LINEなら操作的にも心理的にもハードルが低いし、画像を送ればリアルに伝えることができる。この市民レポート機能は、市民も公共の担い手として、まちの維持に参加するもので、協働型の仕組みである。

［5］集まる場所

考えてみよう➡協働の場は居心地のよいことが必要である。
　協働活動を続け、協働が効果を発揮するには、居心地がよい場所でなければいけない。居心地のよさとは、どんな場所だろう。

◖居心地のよさ

　協働活動を続け、協働が効果を発揮するには、協働の場が居心地のよいことが必要である。居心地のよさとは、常連客のほか、ふらっと寄った新たな参加者でも、快く受け入れてもらえる温かで緩やかな空間である。それには、次のような条件がポイントになる。

・自分の価値が受け入れられる……自分の価値が受け入れられる場所は居心地がよい。協働をはじめる際の場づくりの基本である。
・聴き合いができる場づくり……お互いに、「話を最後まで聴く」「相手を責めずに聴く」という聴き合う関係ができあがっていれば、そこから充実した話し合いができるようになる。こういう場所ならば、初めての人でも安心して参画できるだろう。議論や意見交換では、ブレーンストーミングの４原則（批判禁止、自由奔放、質より量、結合改善）を実践しよう。
・気軽に立ち寄れる場所であること……電車やバスなど公共交通機関が利用しやすいといったアクセスのよさ、外から中の様子がうかがえる場所になっているといった場所・環境づくりも重要である。

・きちんとした進行管理……温かで穏やかな空間は、成り行き任せではない。「いつ、どこで」「誰と」「どれくらいの時間で」「どんなことをするのか」がわからないと不安になる。きちんとした進行管理と進行状況の見える化も意識してほしい。

◖ちょっとやる気のある人が集まる場・まちづくりカフェ事業 (京都市)

　京都市では、2010年代に、まちづくりカフェ事業を精力的に展開した。スタートは、2008年からはじまった京都市未来まちづくり100人委員会（平成27年度終了）であるが、そこから派生して、2016年には京都市の14区・支所に、まちづくりカフェ事業が広がった。

　このまちづくりカフェ事業のコンセプトは、居心地のよさである。
① 誰でも参加できる開放的なメンバーシップ
② 議題を参加者が自分たちで決める
③ ワークショップを採用し、フラットな対話の場とする
④ 議論を円滑にするファシリテーターの存在

　特筆すべきは、このカフェ事業から、参加者によるたくさんの事業が生まれていることである。

　たとえば、中京マチビトCaféでは、まちづくりカフェの話し合いの中から生まれた取り組み・事業は、立ち上げた3年間だけで、約50もあるという（2022年3月6日・コミュニティ政策学会シンポジウム）。

　どんな活動にも言えるが、一人でまちづくり活動を続けるのはしんどい。しかし、一緒にやる仲間が見つかると、元気が出る。このカフェ事業は、まちづくり活動に熱心に取り組んでいる人、まちづくり活動に興味を持ちはじめた人が、集まる場所となっていて、結果的に、一緒にやろうという仲間を探す場所となっている（議題を自分で決めるなどの進め方も、仲間集めに有意に働く）。それが、新規事業の立ち上げにつながったのだと思う。

　2020年代に入り、京都市のまちづくりカフェ事業は低迷期に入る。役所の場合、成果を焦るあまり、真正面から、やる気のある人集まれという

方式をとりがちであるが、これでは敷居が高すぎる。京都市のまちづくりカフェ事業は、出入り自由という敷居の低さから、議題を自分で決めるといった参加者の出番をつくる仕組みは、ちょっとやる気のある人を集めるには、絶妙の方式だと思う。再構築する価値があるように思う。

◀ 共有と共感の場・沖縄式地域円卓会議 （沖縄県）

　沖縄式地域円卓会議は、「地域の困り事を社会課題として共有・共感する場所」とする前向きで魅力的な取り組みである。

　この会議は、政策課題を明確にして、統計等の事実を元に、多様な価値、多様なステークホルダー、多様な取り組みを集合させる協働手法を採用している。

　具体的には、

1.　**論点共有**　地域で起こっている「困り事」に立ち向かっている人たちが、自ら話したいテーマを説明し、会場全体で情報を共有する。

京都市まちづくりカフェ事業
（京都市ホームページ）

沖縄式地域円卓会議開催マニュアル

2．**セッション1**　論点提供で示されたテーマに対して、中央の円卓に座るセンターメンバーが、「事実、視点、評価、事例」といった観点から、会場に情報を提供する

3．**サブセッション**　センターメンバーも分かれて、一般来場者も交えて、いくつかのグループに分かれて、テーマについての疑問、意見、アイディアを出し合い、話し合う。参加者の意識を「他人事から自分事（じぶんごと）」に変えていく。

4．**セッション2**　センターメンバーが円卓を囲み、サブセッションで出た意見等を踏まえ、議論を深めていく。

5．**振り返り**　話された内容等を会場全体で確認する。

このプロセスを経ることで、ある人の「困り事」は研ぎ澄まされ、「社会課題」へと昇華していくことになる。

［6］相手方への敬意と感謝、相互の信頼関係

考えてみよう➡信頼関係の有無が、まちづくり活動の成否を分けることがある。

たとえば、見守り活動には、居住者名簿、高齢者名簿、要支援者名簿などのデータ整備も必要であるが、その利用には相互の信頼関係が欠かせない。何をするにも、日頃のつながりと信頼関係の醸成がポイントになる。信頼関係を構築するにあたってのポイントは何か。

◀ソーシャル・キャピタルの意義

協働活動の前提であり、有効性を高める要素のひとつが、「人間同士の信頼、結びつき」である。ソーシャル・キャピタルの考え方と協働は密接性がある。

ソーシャル・キャピタルの代表的な論者であるアメリカの政治学者ロ

バート・パットナム（Robert Putnam）は、イタリアの政治、社会制度の研究から、信頼、規範、ネットワークが社会を効率化させるとしたが、確かに、信頼があれば、疑心暗鬼にならず、無駄な保険をかける必要もなく、いきなり本題に入ることができる。

　このソーシャル・キャピタルを醸成する方法として、市民活動、地域活動の有用性が指摘されるが、これも当然のことで、フリーライダーといった問題が常に付きまとう地域活動、市民活動にあえて参加する人は、その活動の根底には、地域への愛着、人への信頼、人とのつながりといった信頼関係があるのは、普通のことだからである。

　大事なことは、身近な小さな成功体験を積み重ねながら、そこに喜びや楽しさを感じながら、信頼関係を醸成していくことだと思う。迂遠のように見えるが、一番の近道だと思う。

◗ 安全・安心の担保

　安全・安心の確保は、協働活動の前提である。行政、市民の双方とも、細かく配慮することが必要である。

①危機管理：活動中に、事件・事故が起こらないように注意するとともに、ボランティア保険等の各種傷害・賠償責任保険やイベント等の行事保険等への加入など。

②個人情報の管理：個人情報の取扱いについて十分に配慮し、ルールや覚書等を策定しておくことが安心の担保となる。

　・活動にあたっては、提供された個人情報を担当者だけではなく、全員がきちんと管理・利用していくことを徹底させる

　・提供された個人情報は、予め本人の同意を得た場合や法令等で例外として取り扱うことが認められている場合を除き、会議の案内等の事務連絡・案内、活動に関する支援や協力等の依頼等に限定する

　・個人情報については、他の人に漏れることがないよう、第三者の目に不用意に触れないように安全に管理しておく

・安易にコピーすることはせず、活動の運営・進行に欠かせない必要最
　小限の情報提供とする

▌情報の公開・説明責任

　社会的な信頼を得ていくためは、自らの責任で、活動内容等に関する説
明責任を果たしていく必要がある。

　ＮＰＯについては、特定非営利活動促進法第28条、第30条で、ＮＰＯ
の事業内容等の外部公開を規定しているが、これは、情報開示することで、
市民相互のチェックによる自浄作用を期待したもので、社会的コントロー
ルシステムのひとつであり、公共の担い手であるＮＰＯにとっては説明責
任でもある。

　地域活動団体についても、公共的団体として、情報を広く公開し説明責
任等を果たすことで、市民が安心して参画できる団体・活動内容であるこ
とを示す必要がある。とりわけ、公的な支援を受けるという場合は、政府
の準じた情報公開や説明責任を果たすことが求められる。

　社会的な信頼が得られることで、団体の活動目的の達成がより一層、進
むことになる。

▌市民自身の行動も重要である

　信頼をつくるには、市民自身の行動が重要である。一人ひとりが、自ら
考え、まちのことを考えて行動することで、市民間や行政との信頼、相互
の連帯が生まれてくる。自分が尊重されるということは、自らも他者を尊
重するということでもあるので、市民相互間で尊重し合う社会をつくって
いくことで、信頼の地方自治が構築されていく。

　それには自らも、自分が持っているスキルや知識を積極的に提供し、他
者から受け入れられるように積極的に行動することも重要である。

◀ 行政は頼りになる

　行政の協力がなければ、市民だけでは、前に進まないことがたくさんある。行政の強みというか、これまでの活動のなかで、ありがたかったことを列挙しておこう。

① 身近な例では、文章にまとめる力である。資料づくりや報告書は、本当にうまくまとめてくれる。役所の報告書を書くと、冒頭に私のあいさつ文が載るが、私は、役所が書いたものをそのまま載せている。これは丸投げとは違う。要するに、私なら、書きそうなことを痒いところに手が届くように書いてくれているので、直すところがないということである。私が書いても、結局、同じようなものになる。

② きちんと覚えていること。民・民では、わかりましたと言って、そのままになってしまうことがある。私も、学生に安請け合いをして、忘れてしまうことがあった。約束を果たすと、先生、覚えていたんだと言われることがある。ということは、忘れてしまったケースもあるということなのだろう。その点、行政はきちんと覚えている。

③ それとも関連するが、安定性がある。担当者は変わっても、続いていく。同時に実行力もある。これらは組織力、予算的な裏付け、人的な能力などの反映だろう。

④ これまで付き合った自治体の職員は、みな本当によくやってくれる。私の要求は、時にはこれまでの行政の枠を一歩踏み出るものとなるが、それでも奮闘して、前に進めてくれた。

⑤ 行政が協力しやすくなるように、私が実践しているコツは、概要、次の点だと思う。

・こちらから胸襟を開く

・一歩踏み出せるように、そっと後押しするといった感じ

・一緒に考える

● 信頼をベースに・安心して徘徊できるまちづくり（大牟田市）

　福岡県大牟田市の「安心して徘徊できるまちづくり」は、今日では、すっかり有名になった。徘徊高齢者を隣近所、地域ぐるみで、声掛け、見守り、保護していく仕組みを構築して、認知症になっても安心して暮らせるまちをつくる活動である。徘徊者に声をかける活動は、地域の人々や各種組織、団体間での日頃のつながりと信頼関係がなければできるものではない。この活動も、関係者の信頼関係づくりから出発している。

　この活動の発端は、1993年に駛馬南老人クラブ連合会が、「向こう三軒両隣大作戦」「幼なじみ顔なじみによる声かけ見守り運動」を開始したことによる。さらには、日曜茶話会を開いて、あせらず、ゆるやかに、できることからを基本に、徐々に気持ちを1つにしていった。

　駛馬南地区を3コースに分け、「まちの資源を再発見しよう」「立ち寄り場や集まり場を探そう」とワンデーマーチ「歩け歩けたい会」も、地域への愛着とともに、相互の共感づくりの一環である。

　駛馬南校区の「徘徊模擬訓練」は、こうした地道な信頼関係づくりが積み重なってできあがっていった（2019年から「ほっと安心ネットワーク模擬訓練」に名称変更）。

西鉄大牟田駅で
駅員さんと切符を買う
Cコース　9:00

外出役に声かける関市長
Aコース　10:09

コンビニでお買いもの
市民の方より声かけ
Bコース　9:08

中友校区こども民生委員さんにより発見・保護
Aコース　10:35

第17回ほっとあんしんネットワーク模擬訓練の様子（大牟田市ホームページ）

［7］創造的で前向きな議論

考えてみよう➡明るく前向きな会議をするには。

　説明が大半の会議、沈黙が続く会議、批判や欠点をあげつらう会議など、多くの会議は後ろ向きである。「早く終わってほしい」会議ではなく、前向きで創造的な議論する場としたい。そのための工夫は、数多くある。どうすれば前向きで創造的な議論ができるのだろうか。

◀ 創造的な議論ができる条件

　民主主義の本質は、形式的な多数決ではない。民主主義の基本原理は価値の相対性である。つまり、他者の主張にも価値があることを認め、そのよいところを取れ入れて、よりよいものをつくっていくのが民主主義の本義である。

　こうした創造的な議論がうまくできる条件がある。ルソーは民主政の成立条件として４つを挙げている（ルソー『人間不平等起原論・社会契約論』所収、井上幸治訳「社会契約論」中央公論新社・2005年、第3篇第4章）が、同じように創造的な議論ができる条件としては、次のようなことが考えられる（「安全・安心で持続可能な未来のための社会的責任に関する研究会中間報告書・2007年10月」を参考にした）。

① 人が容易に集まることができる。コロナ禍以降、リモートという方式でも集まれるようになった。

② 参加者間に対話が不可能であるまでの対立が発生していないこと。

③ 取り扱われるテーマがある程度具体性を帯びているものであること。

④ 最終目的が参加主体間で共有され、かつ、対話を経ることにより目的が達成される合理的な可能性があること。

　こうした条件をつくるのが、行政の仕事とも言える。

◤市民の関心事・誰でも当事者になれる（横浜市、札幌市、日野市）

　地方自治では、国家間での争いや高踏的理念は当面のテーマではなく、住民に身近な防災・防犯、福祉などが喫緊の課題である。

　横浜市の市民意識調査では、市政への要望については、最近5年間の要望を見ると、「地震などの災害対策」が最も多く、次いで「高齢者福祉」や「病院や救急医療など地域医療」、「防犯対策」などになっている。いずれも身近な暮らしに関することである。

　札幌市は、「「除雪に関すること」」が1番となっていて、北の国らしい地域性を反映しているが、除雪は、札幌の人にとっては、身近な暮らしの困り事なのだろう。

　東京のベットタウンである日野市は、高齢者福祉、地域医療が上位を占めていて、これも身近な暮らしに関することである。

　いずれも、誰でも考えることができ、当事者になることができる課題である。

	横浜市（令和3年度）今後充実すべき公共サービス	札幌市（令和2年度）市政に対する評価〔力をいれてほしいと思うもの〕	日野市（平成30年度）今後10年間で特に力を入れるべき取り組み
第1位	地震などの災害対策	除雪に関すること	安心して住み続けることができるまちになっている
第2位	病院や救急医療など地域医療」	犯罪のない安全で安心なまちづくりに関すること	安心して医療サービスを受けられる環境になっている
第3位	高齢者福祉	地震・火災・水害などの防災対策	子どもたちが安全で快適な教育環境のもと、適切な教育を受けている
第4位	防犯対策	公共交通の便利さを進める事業	高齢者施策が充実し、安心して暮らすことができる
第5位	地球温暖化対策	高齢者の福祉に関すること	保育サービスが充実し、安心して子どもを育てることができている

市民意識調査による今後充実すべき公共サービス・取り組み（上位5位）（筆者作成）

これまでの会議・これからの会議

　会議には、いろいろな機能・役割がある。説明・報告の場なのか、議論・提案のためなのか。それによって、会議運営のやり方・方法が違ってくる。

　議論・提案のための会議も、これまでは、出されたアイディアの評価と批判が中心だった。座長が会議を取り仕切るが、果断な判断が、リーダーシップだと思われているので、新しいアイディアも、○か×の基準で判断され、明確に結論を出すことがよしとされた。

　人は、どうしても自分の体験や心象風景に囚われがちである。また、これまでの増分主義的な発想では、せっかくのアイディアやヒントもつぶされ、そこから、さらに新しいアイディアが生まれ、進展していくことが少なかった。

　協働時代にふさわしい会議は、評価・批判型の会議ではなく、前向きで創造的な会議である。こうした会議の設置・運営には、以下の点が重要になる。

・目標・目的の明確化
・課題等の関係者での共有・共通認識づくり
・くだけた雰囲気（サードプレイス）
・意見を引き出す司会進行・ファシリテーション
・ブレーンストーミングなど提案・発展型の意見提案、議論方法の開発・実施

　これらについては、以下では私の実践例を紹介しよう。

前を向いて話をする （相模原市南区）

　他のメンバーを見て、つまり前を向いて話をしようである。当たり前のことであるが、案外、そうでない場合もある。

　相模原市南区区民会議の第1回会議があったときのことである。会議の途中、メンバーである自治会・町内会の代表が、後を振り返り、後に控え

ている事務局に向かって、「これはどうなっているのか」と聞くのである。確かに、これまで会議というと、行政からの長い説明、そして2、3の質問で終わっていたので、行政を相手に質問するのは、普通のことだったかもしれない。

　私は会長だから、当然、怒ることになる。「どっち向いて話しているのですか、私が会長です。私のほうに向かって話してください」。

　私の注意にハッとして、「すみませんでした」と言って、今度は、前を向いて委員に向かって話をはじめるようになると、話の内容がガラッと変わってくるのである。「これはどうなっているか」などという話はなくなり、「自分はこう思う」という話になる。前を向くか、後ろを振り返るかで、話の中身がガラッと変わる。

◖発言しないと帰さない（白岡市）

　私が座長の会議では、「発言しないと帰さない」。埼玉県白岡市総合振興計画審議会では、委員15人全員が、発言し終わって、はじめて会議が終わる。総合計画の審議会は、たいていが長い説明、いくつかの質問で終わる。なぜ、全員が発言しないと帰さないのか。それは、みな思いがあって委員になっているからである。しかも、委員になる人は、それなりの人である。その思いや知見を語らずに帰るのは、もったいないからである。

　だから気をつけるのは、時間配分である。偉くなり、また年をとると、発信力ばかりが強くなって、受信力や他者へ気が回らないということにもある。それに配慮するのが座長の役割である。少し長くなると、「こう言った趣旨ですね」と引き取る。話が混乱してきたと自覚しはじめている発言者は、「ええ、そうなんです」と答えてくれる。

　ときには、気後れして、意見を言えない人もいる。その場合は、「目が合った」と"言いがかり"をつけて、発言を振る。たいていの場合、堰を切ったように話し出す。

　それでも、時間的に全員が発言するのは難しいときもあるので、その際

には、時々、グループワークに切り替えて、少人数で話し合う機会をつくっている。

　座長でもないのに、私がメンバーに発言を振る場合もある。気後れして発言できない人がいると、「私は……のように考えていますが、市民としてみると、○○さんどうなんでしょうか」と、水を向ける。ちなみに、ある審議会で、そんなことをやっていたら、この審議会では次は再任されなかった。それはそれでラッキーなので、遠慮なくやっている。

◗ 批判ではなく提案型で （相模原市南区）

　会議のなかで、「これはおかしい」と問題点の指摘があると、座長の私はすかさず、突っ込むことになる。「おかしいのは、私もわかるが、どうしたらいい？」。

　投げかけると、一生懸命考えて、必ずいい意見が出る。なぜならば、会議の委員は、それなりの人ばかりだからである。相模原市南区の人口は約28万人であるが、これが7つの地区に分かれている。単純に割れば、各地区の会長は4万人の代表である。これが区民会議のメンバーである。それなりの人格、知見、経験がなければ、代表などになれるものではない。そうした人の知恵を引き出さないはもったいない話である。

　一生懸命考えた出した対案が十分でないときもある。それはそれでいい。それを引き取って、「こういうことですね」とバージョンアップするのが、座長の役割である。

◗ 小さな宿題方式 （白岡市）

　小さな宿題を出す方式も、闊達で創造的な議論に有効である。白岡市の行政評価委員会のやり方を紹介しよう。

　行政評価委員は、市民を中心に6人で構成されている。この会議は、通常の会議のように、当日集まって、事務局の説明＋2、3の質問を行い、委員会としての結論を出すというやり方はしない。会議当日までに、事前の

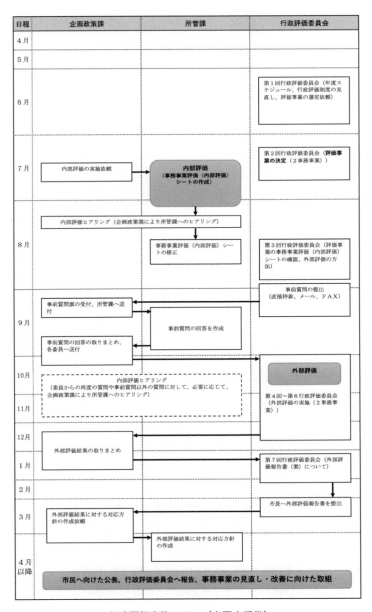

日程	企画政策課	所管課	行政評価委員会
4月			
5月			
6月			第1回行政評価委員会（年度スケジュール、行政評価制度の見直し、評価事業の選定依頼）
7月	内部評価の実施依頼	内部評価（事務事業評価（内部評価）シートの作成）	第2回行政評価委員会（**評価事業の決定（2事務事業）**）
8月	内部評価ヒアリング（企画政策課により所管課へのヒアリング）	事務事業評価（内部評価）シートの修正	第3回行政評価委員会（評価事業の事務事業評価（内部評価）シートの確認、外部評価の方法）
9月	事前質問票の受付、所管課へ送付 事前質問の回答の取りまとめ、各委員へ送付	事前質問の回答を作成	事前質問の提出（直接持参、メール、ＦＡＸ）
10月 11月	内部評価ヒアリング（委員からの再度の質問や事前質問以外の質問に対して、必要に応じて、企画政策課により所管課へのヒアリング）		外部評価 第4回〜第6回行政評価委員会（外部評価の実施（2事務事業））
12月	外部評価結果の取りまとめ		
1月			第7回行政評価委員会（外部評価報告書（案）について）
2月			市長へ外部評価報告書を提出
3月	外部評価結果に対する対応方針の作成依頼	外部評価結果に対する対応方針の作成	
4月以降	市民へ向けた公表、行政評価委員会へ報告、事務事業の見直し・改善に向けた取組		

行政評価実施フロー（白岡市提供）

質疑、意見提出手続きがある。

・質問事項を事前に提出する

　テーマについて、わからないこと、聞きたいこと、どんなことでも「事前質問表」に書いて提出する。これについて担当課が答え、一覧に並べて、委員全員に返送する。これをやれば、会議当日に、これはどういう意味なのかなどといった、間が抜けた質問をして時間を費やすことはない。事前に資料を読んでくるという効果もある。会議の限られた時間は、内容の論議のために使うことができる。

　たとえば、ふるさと納税では、私は、「事業者にとって、ふるさと納税は、手間がかかり、それに見合わないので、やめたという声を聴きます。事業者の負担とは、どのようなものですか。それを軽減する方策というのは、どのように考えていますか」といった質問を出す。6人なので、20問くらいの疑問点が、事前に提出される。

・自分の意見を事前に提出する

　この事前質問表と担当課の回答・説明を参考に、委員全員が、テーマについての評価意見を書いて提出する。

　ふるさと納税では、

・事業の必要性を確認できているか

・効率的に事業を進めているか

・市民との協働により事業を進めているか

・効果的な事業となっているか

・市民への周知・広報がなされているか

について、自分の意見を出す。これも一覧に並べて、会議当日に、委員会として、どのように考えるかを議論することになる。

　委員は、他のメンバーの意見を事前に見ているから、それを踏まえての議論になる。おのずと、争点が明確になり、そこを中心に活発な議論が行われるようになる。時には、激しい議論になるが、争点が絞られているから、最終的な合意は、容易である。自分の意見が入れられなくても、議論

が尽くされているから、達成感も大きい。

　これを普通の市民メンバーでやっている。だからできないことではない。小さな宿題方式は、いろいろなバリエーションがあると思うが、一度、試してみたらよいと思う。

◀ 会議机を円形にする（多摩市）

　前向き・創造的な会議を行うための会場設営方式もある。私が多用するのは、円形の机の配置である。

　役所の会議では、机の配置はロの字が普通である。ところが、四角だと、自分の列の人の顔が見えない。相手の表情や雰囲気を見たうえで、話をすることができないので、話が深まらず、話を外していても、気がつかない。

　そこで、円形の机の配置である。私が座長の審議会や検討委員会では、事前の打ち合わせで、円形の会議を提案する。座長でない場合は、第1回に提案して、第2回目からは、円形の会議にしてもらう。

　机が四角なので、やや角ばった円形になるが、これによって、顔の見える関係になる。円形にするだけで、前向きで建設的な発言がでるようになる。協働型の会議になるので、騙されたと思って試してみてほしい。

円形の会議形式（多摩市提供）

［8］ときには真面目に議論する

> **考えてみよう➡市民と行政が冷静に真剣に議論する。**
> 　私たちは、議論が苦手である。市民も苦手であるが、行政も対市民のときには、急速に黙り込む。市民と行政がまじめに議論することができるのだろうか。それで、本当にうまくいくのだろうか。

◗ 溝を埋める努力

　市民と行政が協力して1つの政策案をつくる場合がある。市民がよいと考えた案と行政の考え方が、まったく同じというのは考えにくい。立場や行動原理が異なる分、ズレが出てきて当然である。

　その場合、市民の案を丸呑みする事例もあるが、それは市民の意見を尊重したとは言えない。無責任である。

　市民と行政が一緒に政策案や計画案をつくる場合、いつも、この両案のすり合わせのところで失敗する。両者の溝を埋める機会を持たないことで、不信が増幅してしまうのである。行政は市民の案を勝手に変えた、尊重すると言っていたではないかと怒り出すことになる。

◗ 選択肢はさほど多くはない

　大きな意見の食い違いがあるように見えても、まじめに議論すると、一定の範囲内に収れんする。自治体の政策課題は、さまざまな立場の人たちが関連し、それぞれ一人ひとりに正義がある。したがって、もともと最適選択は困難で、満足性の程度で我慢しなければならない。

　加えて、自治体の場合は、自治体の権限・機能といった制度的制約がある。たとえば、自治体の政策的対応は、自治体区域外には基本的には及ばない。また公平性・公正性から暗黙のルールもある。自治体が使えるヒト、モノ、カネ、情報といった資源も無尽蔵ではない。資源、権限が限られて

いるから優先順位をつけて政策がつくられる。

　これら制約条件によって、選択できる範囲も限定されてくる。真剣な議論とは、こうした限界を踏まえて、そのなかで最大値を目指す議論である。

◆ まじめな議論・自治基本条例策定調整会議 (流山市)

　まじめに議論するとどのようになるのか、ここでは千葉県流山市自治基本条例策定調整会議の体験を紹介しよう。2008 年1 ～ 5月に計7 回開催された。

　この会議は、市民会議が条例素案をつくり、その案をもとに行政との調整のために開かれた会議である。市民協議会から5 名、行政から5 名 (副市長、担当部課長) が参加し、私が調整役＋進行役を担当した (最終回は市長も参加した)。ここでは、足して2 で割るのでなく、創造的な調整という発想で取り組んだ。裏取引なし、すべてオープンの場で、相互に主張し、妥協していく作業を両者がやり通した。

◆ 言ってはいけないことのルール

　ここで決めたルールが2 つある。

　1 つは市民側のルールで、市民は主権者であるし、行政に対しては、雇い主の立場である。しかし、だからといって、行政に対して、「あなたたちは市民に雇われているのだから、市民の言うとおりにやれ」と言うのは「なし」である。そんなことを言ったら議論にならない。市民が、もしそれを言ってしまったら、1 回目はイエローカードでいいが、2 回目を言ったらレッドカード、退場となる。

　他の1 つは、行政側のルールで、やる気もないのに「わかりました」と言うのも「なし」である。私は役所のことはよくわかるので、それができるかできないかもわかるので、「本当にできるのか、どうやってやるのかを徹底的に追求する」こととした。できるものはできる、できないものはできないという当たり前のことを前提に、まじめに議論するのである。

不思議な共感が生まれる

　そうすると、不思議な共感が生まれてくる。まじめに議論していると「仲良くなる」のである。最初はぎくしゃくするが、そのうち面白いことが起こった。議論してくると、同じ行政のなかで意見が分かれるのである。企画部長と副市長が、「副市長、それは違いますよ」「企画部長、それは違うでしょう」とやりだすのである。行政だって、同じわけがないのである。そうなっていくと不思議な共感が生まれてきて、本当に仲良くなってどんどん進むことになる。

　まじめな議論を実践するのは難しいけれども、やっていくことが大事ではないかと思う。難しいのはよくわかっているが、そうしないとみんなの力が発揮できない。協働にならないのである。少しずつ、チャレンジしてみてほしい。

向かい合う距離

　流山市の自治基本条例の条例案づくりでは、市民と行政が向かい合って、まじめに議論したが、どうすれば、よい議論ができるのか、両者の距離の問題も真剣に考えた。距離といっても具体的なことで、ここでは「机の距離」である。

　自治基本条例策定調整会議では、最初は「ひざを交えて議論する」の言葉に従って、机をできるかぎり寄せて会場を設置した。180cm×45cmの机を2つ合わせた。つまり、90cmの間隔で向かい合った。しかし、これは失敗だった。お互いが近すぎて、緊張するのである。目をそらす距離がないというか、安心できる距離というものがあるようだ。実際、手持ちのメモも見えてしまうのも、いいものではない。

　そこで、次には、もう1つ机を入れてみた。これで45cm×3で135cmである。以後、この距離で会議を続けた。果たしてこれで正解だったのか、45cm×4で180cmでもよかったかもしれない（やってみようという方は、試してほしい）。ただ、この距離が限度だろう。これ以上広がると、今度は、離

自治基本条例策定調整会議（流山市提供）

れすぎて、大きな声を出さざるを得なくなり、喧嘩腰のようになってし
まって、弊害が多いように思う。

⑤ 一緒にやるための 道具・工夫・技術

　協働を効率的・効果的に進めるには、適切な手法、技術、道具、工夫が必要になる。実践を積み重ねながら習得し、これらをうまく使いこなせるようにしよう。

[1] 創造的な発想技法

> **考えてみよう➡発想を創造的なものに転換してみよう。**
> 　創造的な発想をするには、あたまの転換が必要になる。練習として、「ポイ捨てをなくし、街をきれいにする条例」の愛称づくりを考えてみよう。親しみやすく、覚えやすい、そんな愛称を考えてほしい。

◀ 創造的発想法（横浜市・サウンドスケープ事業）

　協働の時代になり、問題解決や新たな制度づくりのために、柔軟な提案力が要求されるようになった。そのための技術が発想法である。

　発想法は大別して、アイディアを自由に考える拡散型の発想法と、出されたアイディアをまとめていく収束型の発想法がある。これらを身につけ、自由に使えるようにする必要がある。

　発想技法としては、演繹、帰納、比較、逆転といった方法がある。

　演繹的な発想とは、あらかじめ理念や水準（もしくは信ずる価値観）を決めておき（一般原理）、その決められたものから、事象を観察して、具体的な施策や事業を決めていこうとする発想である。あるべき論から考えて、施策を見つける方法である。

帰納的な発想とは、複数の観察事項（現象、数値）から共通的に言えることを推論し、結論として一般原理を導く方法である。しばしば例として示されるものに、「Aは死んだ、Bは死んだ、Cは死んだ」から、「人間は死ぬ」という一般原理を導き出すものである。

　比較法は、その名のとおり他者と比較する方法で、政策づくりにおいては比較的利用される方法である。特に都市間比較は最も実践的な発想法と言える。

　逆転の発想は、これまで常識と考えていたものをひっくり返して発想するものである。

　私が横浜市環境保全局ではじめたものに、サウンドスケープ事業がある。これは、これまで行政にとって規制の対象と考えられてきた音を逆に保存しようという事業である。考えてみると、音にも、歴史を感じさせる音があり、音をデシベルで考えるのではなく、音が出ている背景とセットで考えると、残すべき音があるのではないかという発想である。この逆転の発想は、個々の騒音発生源に対する対症療法を行ってきた従来の騒音行政をまちづくりの観点から見直す契機となるものである。

◖ブレーンストーミング

　ブレーンストーミングは、米国のアレックス・オズボーンが創始した、まさに「脳の嵐」で、脳をフル回転させて、名案を浮かび上がらせるための方法である。集団技法であり、発散的な思考法の代表選手である。気のおけないメンバーと行うと、際立った効果を発揮する。

　この技法は、環境美化というような抽象的なテーマや、ポイ捨て罰則の是非といったひとつの答えを求めるものは、あまり向かない。これに対して、ポイ捨てを防ぐにはどうしたらいいのかといった、いくつものアイディアを出すときは効果を発揮する。

　基本ルールは

・批判厳禁

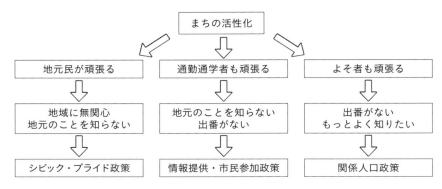

演繹法（あるべき論から考える）（筆者作成）

・自由奔放
・質より量
・結合改善
　の４原則である。

　このうち、基本となるのが結合改善である。他人から出されたアイディアをヒントに新たなアイディアを発想する。そのためには、「それは無理だ」などといった批判は厳禁である。自由奔放な雰囲気でたくさんの意見が出ることが、ヒントにつながる。日ごろ、実現可能性を中心に考えている政策マンが、こうした自由な発想（気持ち）をつくることが難しい。あえて意識して気持ちを切り替えないとできない。発想転換の良い機会としてほしい。

◗ 愛称のつくり方

　愛称づくりは、政策のネーミングの一種で、法律や条例、制度等の正式名称とは別に親しみやすい呼び名をつけるものである。

　政策のネーミングは、国が得意で、その一例が、「ハートビル法」である。この法律の正式名称は「高齢者、身体障害者等が円滑に利用できる特定建築物の建築の促進に関する法律」であるが、これをハートビル法と意訳し

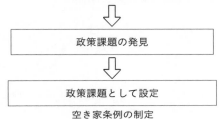

まちの様子	市民の苦情・問い合わせ	マスコミや雑誌記事
あちこちに放置された空き家が目立つ	建物倒壊・外壁剥落による事故、火災時の延焼などの危険	空き家の増加 他自治体の取り組み

政策課題の発見

政策課題として設定

空き家条例の制定

帰納法（事実の中から考え、政策を見つける）（筆者作成）

て、愛称としている。これで、人に対するやさしさ、暖かさ、親しみやすさが伝わってくる。

　政策のネーミングは、自治体でも行われはじめているが、全体に今ひとつで、吹っ切れていないという印象である。これは、仕組みづくりに精一杯で、そこまで知恵が回らないということもあるし、あまり突飛な名称は、やはりつけにくいというのが、自治体ならではの思考パターンでもある。ただ、有用な普及啓発施策であることを考えると、今後は力を入れていくべきだろう。

［2］ ファシリテーションの技術

考えてみよう➡議論を活性化させるファシリテーション技術を覚えよう。

　話し合っているとき、ふとした瞬間に、話し合いが止まってしまうときがある。こんな時、再び、動きはじめるようにするには、どんなことをしたらよいだろう。ファシリテーションの技術である。

南区流ファシリテートスキル（筆者撮影）

◖ファシリテーターの役割

　ファシリテーターは、参加者の発言を引き出し、議論を活性化する「促進者」である。これに対して、会議の司会は、「滞りなくイベントを進行すること」、議長は、「仕切ること、取りまとめること」が本務で、ファシリテーターとは若干、違うと説明されるが、そもそも、そういう決めつけが、後ろ向きの会議をつくってしまう。司会も議長も、会議の活性化を促進するのが役割という点では、大きな違いはないように思う。

　ファシリテーターは、参加者が水平・平等の関係に立って、闊達な意見を出し合うときに、その促進者としての役割が、期待される。

・中立的・公平な立場で考え、行動する
・すべての参加者が自分の意見を述べ、当事者感が持てるように運営する
・全体スケジュールや会議当日の時間管理、時間配分に配慮する
・参加者とフランクに話ができ、その思いを聞き出す力・コミュニケーション力が求められる

市民ファシリテーター（牧之原市ホームページ）

●ファシリテーターの任命（牧之原市、京都市）

　ファシリテートを専門家に依頼するのではなく、市民自身に担ってもらう試みが、静岡県牧之原市の「まちづくり協働ファシリテーター」である。牧之原市自治基本条例の第14条には、「自由な立場でまちづくりについて意見交換できる対話の場の設置」と「協働のまちづくりを進めるための人材の育成」が規定されているが、これを根拠としている。

　牧之原市では、一般市民を対象にした市民ファシリテーター養成講座を開催し、研修を受けた市民ファシリテーターは、すぐに実践の現場である対話の場に出てスキルを高めるというやり方をとっている。

　職員をファシリテーターに任命する制度もある。京都市は、2017年に、「市民協働ファシリテーター」任命制度を創設している。自身の所属において、政策の形成、実施及び評価の一連の過程において、積極的に市民との対話の場を創出すること、市民との対話の場の創出について、他所属から相談があった場合に、企画のアドバイスを行うとともに、必要に応じて運営をサポートすることが任務である。

◀ファシリテーション・マニュアル (相模原市南区)

　ファシリテーションの技術をまとめたのが、『南区流ファシリテートスキル〜上手な話し合いの進め方〜』である。だれもが簡単に使えるようにと、カラフルでイラスト入りのミニマニュアル集である。地域の会議を活発化するために、南区区民会議がつくった。

　協働のマニュアルなので、市民と行政の協働でまとめていった。区民会議委員や若者たちが、実際に地域で試しながら、意見を出し合った。

　全体（全14ページ）は、次の内容で構成されている。
・はじめに（ファシリテーターの役割等）
・ファシリテーターの立ち回り
・アイスブレイクについて
・グラフィカーの活躍
・会議参加者の心構え
・おわりに（ウェブ会議のポイント）

　これを広く、誰もが参考にすることができるよう冊子としてまとめ、ネットでも検索することができる（相模原市南区役所に問い合わせると、策定のプロセスを親切に教えてくれる）。

◀ 話し合いが止まってしまったとき (相模原市南区)

　知らない人が集まって話し合いをするときには、なかなか意見が出ないときもある。他方、知っている人が集まって話し合いをする場合は、「結論ありきで話が盛り上がらない」といった難しさもある。

　南区流ファシリテートスキルには、次のように書かれている。

　議論が行き詰まってしまい、話し合いが停滞してしまう場合、スムーズに話をしていても、ふとした瞬間に会話がとまってしまう場合がある。確かにそんなときがある。そのときは、焦らず、「それまでの議論でいったん保留にしておいた意見や、角度が異なった意見にスポットを当ててみましょう」としている。

たとえば、「ところで、Cさんの意見は、○○でしたよね」といった感じである。「さっき、途中になった○○という意見について、どう思いますか」といったスポットの当て方もあると思う。

［3］グループワーク［ワークショップ］

考えてみよう➡ワークショップの際、自分が受け入れられたと感じる自己紹介は。

ワークショップが、気楽に行われるようになった。ワークショップのはじめに、「自分が親しみをもって受け入れられ、他の参加者の共感を得た」という感じになる自己紹介ができたら、その後のワークショップが楽しくなる。自己紹介にあたって、どんなことに配慮したらよいだろう。

◗ワークショップとは

ワークショップの定義は、テーマや分野ごとに違いがあるが、まちづくりでは、「講義など一方的な知識伝達のスタイルではなく、参加者が自ら参加・体験して共同で何かを学びあったり創り出したりする学びと創造のスタイル」（中野民夫『ワークショップ：新しい学びと 創造の場』岩波書店・2001年）がよい定義だと思う。

これまでの市民参加では、行政の一方通行の情報提供、意見聴取、市民の一方的な批判、要求で終わってしまったことが多かったが、ワークショップは、異なる立場の参加者（たとえば住民と行政）が、対等な関係に立って、意見や知恵を出し合い、課題の検討、成案やものづくりを体験的に行っていくなかで合意形成を図る集団創造技法である。

ワークショップは、最初は、臨床心理学の世界で開発され、それが演劇界に広がり、さらには、環境デザイン、都市計画に広がった。日本では、1990年代に、まちづくりの分野で、ワークショップ手法が採用されるよう

になり、それが、教育などさまざまな分野まで広がっていった。

　ワークショップによって、

・当事者意識・参加意識が生まれる

・決まったことに愛着が生まれる

・なぜそうなったのかをよく理解できる（意義や背景、限界がよくわかる）

　といった効果が期待できる点が、広くさまざまな分野で採用された理由
である。

◖ワークショップがうまく機能する条件

　子どもや高齢者も気軽に参加できることから、ワークショップは、一種
の流行のように各分野に広がりを見せている。

　ワークショップが、うまく機能する条件として、次のような点に配慮す
べきである。

・何を決定しようとしているのか、獲得目標が明確であること。これを参
　加者全員で共有できるようにする

・創造的で新たな発想が生まれてくるように、意見が言いやすいように工
　夫されている。参加者が意見を言いやすいような会場設営、十分な質の
　高い情報を提供されることも重要である

・多くの市民が参加できるように、参加手法やプロセスが工夫されている
　こと。無作為抽出など、普通の市民も参加できる手法を活用しよう

・目標に至るプロセスを組み立て、それを参加者にわかりやすく伝える。
　各回における議論と到達目標を示し、タイムリミットや何回くらいやる
　か等を見える化する

・合意形成に配慮・工夫をすることで、決定された結果が共有できるし、
　参加者の満足度も高まる

◖附属機関とワークショップ（相模原市南区）

　附属機関は、行政から見ると、高い位置づけの会議になるので、運営は

ワークショップの様子（筆者撮影）

	これまでの会議（説明会）	ワークショップ
基本的性格	一方向性	双方向性
行政と市民の関係	上下関係。別のテーブルでの議論	同じテーブルでの議論
議論の仕方	・行政からの説明に対して市民が質問し、行政が答弁する ・市民側からの要求に対して、行政が回答する	・互いに意見を出し合い、互いの立場を認識したうえで、共通の目標実現のためのより可能な案づくりのために知恵を出し合う
議論の内容	説明・質疑が中心	議論・作業をしながら
結論	答え(結論)が決まっていることが多い	答え(結論)は、意見を出し合いながら決まっていく
決定要因	・多数決 ・事前の根回し ・声の大きさ ・権威や地位の高さ	・説得的な意見 ・オープンな場での議論 ・多様な選択肢
会議の雰囲気	・堅苦しい雰囲気 ・意見が言いづらい ・一部の人のみが発言する	・明るく楽しい雰囲気 ・活発に議論できる ・均等に発言できる
職場内会議では	・上司と部下といった上下関係での議論となる ・同一職場内での議論	・肩書きに関係なく対等な関係で参加する ・職場を越えて議論ができる

ワークショップの特徴（筆者作成）

一般には仰々しく、委員も事務局も神妙に澄ましている会議となる。少人数ならば、運営の工夫で、闊達な議論ができるが、委員の人数が多いと、一度も発言できずに帰る委員が出てしまう。これはもったいない話である。見込まれて附属機関の委員になった人が、その力を出せなければ宝の持ち腐れである。みんなが大いに知恵を出すべきときは、形式にこだわる必要はない。

　相模原市南区区民会議は、委員25人の附属機関であるが、設立当初から、グループワークをはじめている。さまざまな立場や職業の人たちが、同じ土俵で、共通の目標に向かい、水平の関係で、笑い声を出しながら、知恵を出すことができる。ワークショップをすれば、どのグループも盛り上がり、メンバー間の親密さが急速に増す。

　この区民会議のやり方に対して、後日談がある。最初にワークショップをやろうと言ったら、自治会・町内会の代表者を中心に、反発というか戸惑いがあった。そんなことやったことがないというのである。

　ところがやってみて、ワークショップという方法の自由さ、議論の活発さは随分と新鮮に見えたようだった。後から聞くと、この会長さんたちの何人かは、今度は自分の組織に戻って、このワークショップ方式で会議進行をやりはじめたとのことである。

◖付箋の活用 （横浜市）

　ワークショップといえば付箋である。付箋に意見を書いてもらい、ＫＪ法を使ってグルーピングしていくという方法がよく見られる。付箋の効用は、

①話し出すと止まらない人、何度も同じような発言をする人、人を押しのけて話をする人がいるが、付箋を使うと、発言の機会の平等化が図れる。

　この点では、思い出がある。今から、30年以上前、横浜市都市計画局の企画調査課にいたときである。まちづくりの集まりがあるといつも出てきて、一人でしゃべり、苦情ばかり言うおじさんがいた。議論が進まず、困

付箋を使ったアイディア出し（筆者撮影）

り果てた私は、付箋で話す方式に変えてみた。意見は付箋に書き、付箋を
ベースにグループで話し合うのである。その直後、おじさんからは、一度、
苦情を言われたが、それ以後、その名物おじさんは、集まりに来なくなっ
た。
②付箋は、記録に残るし、意見の整理に有効である。ＫＪ法を使えば、意
　見やアイディアの共通性と違いを明らかにできる。
　なお、付箋については、「付箋のまくり方」という笑いを取る小技がある。
私の18番であるが、ただ、文章にすると、面白さは伝わらないし、実際、
そこまでの筆力もない。機会があったときのお楽しみとしよう。

◖ワークショップの課題

　ワークショップは、効果的で楽しいが、課題もある。
　合意形成型の仕組みなので、反対意見を出しにくく、極端な意見や少数
意見が出しにくく、排除されてしまうときがある。対象となる事業に危機
感を感じている人にとっては、ワークショップは、お遊び的で不真面目な
集まりと感じることがある。
　一過性のイベントで終わってしまう場合もある。現状や課題、こうあっ

たらいいというのを出せるが、それにとどまってしまい、楽しかったけど何が決まったのかというワークショップになるときもある。

　もともとは、熟議の仕組みであるという原点を忘れないようにしてほしい。

◢ 自分が受け入れられたと感じる自己紹介 （南区流ファシリテートスキル）

　南区流のファシリテートスキルでは、効果的な自己紹介を行うために、次のようなポイントを紹介している。

　自己紹介を1人1分で行います。

　これは1分という時間を体で覚え、要点を端的に話すことを意識してもらうためです。決められた時間で効率的な議論をするためには、参加者一人ひとりが時間配分を意識することが大事です。

→自己紹介では、参加者自身に関して即答できるような話題を1つ設定しましょう。

　知り合い同士の会議でも、話題を1つ設定して話す機会をつくりましょう。

（例：自己紹介＋好きな食べ物、小学校の時に好きだった科目など）

→全員が参加者である、という雰囲気をつくっていきます。

　発言の後は、必ず拍手をしましょう。拍手には、場を盛り上げるための大きな力があります。

→「自分（の意見）が受け入れられた」という感覚が大事です。

　ちなみに、私のゼミ生だった、おおさかさんは、「大阪に行ったことがない、おおさかです」が、自己紹介のつかみだった。そのため、ＵＳＪ（ユニバーサルスタジオジャパン）には、誘われても行かなかった。

［4］アイスブレイクの技術

考えてみよう➡自分の得意なアイスブレイクを体得する。

　ワークショップのはじめに、アイスブレイクが行われるようになった。気分をほぐし、気軽な雰囲気にするアイスブレイクは案外、難しい。自信をもってできる自分なりのアイスブレイクを1つは覚えてほしい。

◗アイスブレイクとは

　氷（アイス）を割る（ブレイク）ように、ワークショップのはじめに、参加者の気分をほぐし、気軽にコミュニケーションできる雰囲気にする活動である。

　初対面の集団を

・くつろいだ雰囲気や打ち解けた状態にする

・笑いが出て、盛り上がった状態にする

　気軽にコミュニケーションできる状態をつくることで、次の議論・検討の段階にスムーズに移行できる。

　「アイスブレイクは集団の「固さ」を突き崩すダイナマイトの役割と、人と人をくっつけるセメントのような役割を果たす」（今村光章『アイスブレイク入門』解放出版社2009年）とされるが、なかなかうまい表現である。私は、それにとどまらず、新たなものをつくりあげる「建築基礎工事」のようなものと考えている。

◗留意すべきこと

　アイスブレイクは、固い雰囲気を壊す、仲間意識、連帯感をつくる、創造的につくりあげようという前向きな雰囲気をつくることが目的である。

　そのためには、次の点に留意して、行うことが好ましい。

・誰でもできる内容

・多くの人に共通なテーマ

・笑顔が出てくるような内容

・いやな思いをさせたり、無理強いをするようなものでないこと

・自分や他者がわかるような内容

・アイスブレイクが目的のようにならないようにすること

・これからの話し合い、つくりあげようとするものにつながっていくもの

◖おすすめアイスブレイク（南区流ファシリテートスキル）

次のようなものがおすすめとされている。

■GOOD & NEW

24時間以内に会った「よかったこと」か「新しい発見」について、1人ずつ、話をする。

→意識がポジティブな方向に切り替わる。

■住んでいる地域に関するクイズ

A町に最近オープンしたお店の名前はBであるか？

C町の人口は2,000人か？

大勢を対象にする場合のアイスブレイクによい。○か×で答えられる質問にして、みんなが参加できるようにする。地域に関するちょっとした情報交換になる。

◖リモートのアイスブレイク

オンライン会議では、参加者同士の物理的な距離が遠いため、一体感が生まれにくく、相手の気持ちや雰囲気がうまくつかめない難しさがある。その壁を崩すアイスブレイクを考えておく必要がある。リアルな会議と違って、技術的な難しさがあるため、参加者のレベルに合わせたものを選択できるよう、いくつかのアイスブレイクを用意しておきたい。

■ものしりとり

近くにあるものを画面に映してしりとり。

■推しのバーチャル背景

　ビデオチャットツールの機能である「バーチャル背景」に自分の推しを使う。それを話題に、自己紹介してみよう。

■ニックネームの変更

　ビデオチャットツールには、表示する名前を自由に変更できる機能がある。それをニックネームに変えて、その紹介からはじめてみよう。

［5］身だしなみ・服装

考えてみよう➡市民会議にどんな服装で行くか。

　市民会議があるときに、その事務局として、参加することになった。何を着ていくべきか、迷ったことはないだろうか。12月に市民会議が開かれると仮定して、自分ならどんな服装で参加するだろうか考えてみよう。

◖人は見た目が９割？ (千葉市)

　「人は見た目が９割」そんな本が出されている。人は、「言語情報は７％、聴覚情報が38％、視覚情報が55％」で評価するというメラビアンの法則の転用なのだろう。

　自治体の接遇マニュアルにも出てきて、千葉市の接遇マニュアルでは、接遇の基本は、「身だしなみ」「あいさつ」「感じのよい態度」「言葉づかい」とし、そのトップは、身だしなみである。「第一印象は、出会いの数秒で判断されるといわれています。 第一印象を決める大きな割合を占める"見た目"すなわち「身だしなみ」に気を配ることは重要です」とも書かれている。

　住民票の発行業務のような窓口職場で、市民との接遇も、外形的で一瞬の場合は、この見た目が第一というのは説得的である。しかし、立て込んだ話になると、もう外見だけではどうしようもない。豊富な知識、柔軟な

理解力といった内容の勝負になっていく。いくら見た目が爽やかでも、内実が伴わなければ、あっという間に失望に変わっていく。協働活動では、住民票のサービスのように、一瞬で終わるものではないので、見た目も大事であるが、話の内容も、劣らず重要というのは異論がないだろう。

　ちなみに、世上、メラビアンの法則は誤用されているとされている。この55％、38％、7％の数字は、「相手が矛盾するメッセージを発したとき、人は何によって判断するのか」という実験のようだ。こうした限定条件での基準である。これを一般化するのは注意を要するとされている。

◀ 協働事業の身だしなみ

　ある町で、日曜日に、小学生、中学生、高校生、大学生などの若者が集まってワールドカフェが開かれた。そこに事務局として参加した市役所の職員たちは、
・黒っぽいスーツでネクタイを締め、若者の周りを取り囲む
・説明も質問への回答も、硬い口調で話す
・小学生や中学生に対しても、大人に対するのと同じように、慇懃無礼に対応する
・会場内を黒いスーツで腕組みをして、笑顔もなくぐるぐると周る
　といった行動をとった。

　あとで、なぜそんな服装できたのか聞くと、「悩んだが、ダークスーツとネクタイなら無難」と思ったとのことだった。

　確かに公務員に対しては、一定のイメージがあって、いくらワールドカフェだからといって、あまりにくだけすぎた格好は、逆に違和感を持たれてしまう。たとえ協働事業であっても、初対面のときは、十分に配慮すべきことであることは、間違いないが、この場合は、あまりに形式的で、不釣り合いだった。

　公務員が持つ一定のイメージの許容範囲内で、自由でフランクな服装というのが、あるはずで、それをみんなで一度、考えてみたらよいと思う。

みんなで考えて、それなりの協働の身だしなみが決まっても、それを着ていく第一歩が難しい。職員は、協働事業にふさわしい身だしなみでワールドカフェに出かけたが、市長だけが、お堅いダークスーツとネクタイで参加したら、職員としては、なにか居心地が悪い。

そういうことがないようにするのが、私たち大学教員の役割である。市長にあいさつに行ったときに、冗談めかして、私はこの話を出す。「この前のワールドカフェでは、職員が黒いスーツで難しい顔をして会場を回るものだから、雰囲気をほぐすのに苦労した」と言って、大笑いするのである。市長も、「それはまずいですね」と応答するが、これで以後、協働型の身だしなみが、このまちのワールドカフェの標準になっていく。

ちなみに、一緒にワールドカフェに出かける学生たちに、服装で気をつけていることを聞いてみた。
・上着はなるべき明るい色を着る
・清潔感を重視する
・スカートの長さは、短すぎないこと
・露出は（模造紙を書くので）、「大事なところが見えないもの」とのことだった。

［6］地域に参加するためのルールブック

考えてみよう➡これまで、あまり地域に参加していない人たちが、まちづくりに参加するためのルールブックをつくってみたらどうだろう。

　地域に若者を受け入れるにあたってのルールをまとめたのが、『まちづくりのトリセツ』である。これを応用し、女性、外国人、企業など、これまで、あまり地域に参加していない人たちが、参加するためのルールブックをつくってみたらどうだろう。

◀ まちづくりのトリセツ（相模原市南区）

『まちづくりのトリセツ』は、若者の地域参画のルールブックである。相模原市南区区民会議が中心となり、まちづくりに参加した若者、地域の人たち、行政が、力を合わせてつくった。ここには、お互いに注意すること、配慮することを記述し、文書化した。

ルールを定めることで、相互理解が深まり、協働事業を円滑かつ効果的に遂行することが可能となるとともに、互いの役割が明確化され、官民の役割分担の見直しを行う機会にもなった。

大事にしたのは、若者と地域の人たちが一緒に活動するということは、「異文化交流」であるという視点である。文化が違うと思えば、わかってもらおう、理解しようという気になる。異文化交流という視点は、女性、外国人、企業を対象にするときも、当てはまるだろう。

まちづくりのトリセツは、次の項目で構成されている。直接には、若者

まちづくりのトリセツ（相模原市ホームページ）

と地域の関係がテーマであるが、市民と地域、市民とNPOの関係にも適用できる。

① まちづくりに参加する（事前準備、連絡・打合せ、コミュニケーション、仕事への取組み）

② まちづくりに受け入れる（事前準備、連絡・打合せ、コミュニケーション、仕事への取組み、次回に向けて）

③ まちづくりをサポートする（学校編、行政編）

④ あなただけのトリセツを作ろう！（新マナー・スケジュール、メモ）

　ネットでも出ているので、一度読んでみて、参考になった点を教えてほしい。若者が地域に出るとき、あるいは、地域が若者を受け入れるとき、これを読むようにしている。

◖協働ルールのつくり方（まちづくりのトリセツができるまで）

　協働ルールは、行政が一方的につくるのではなく、市民、行政が連携・協力しながらつくっていく。まちづくりのトリセツのつくり方は、その際の参考になるだろう。

① 地域の課題は何かから検討を行った。相模原市南区は、7つの地区に分かれているが、それぞれのまちづくり会議において、地域が抱えている問題を抽出してもらった。そこから出てきたのが、若者のまちづくり参画である。どこの地区も抱える共通課題であった。

② 次に、これを政策化することとした。課題があるということを指摘するだけでは、何も解決しない。若者のまちづくり参画を進めようと言葉でいうだけでは、少しも進まない。それで行政を責めても、解決の道筋は開けない。人任せではなく、自分たちの問題として、解決方策を示していくことにした。

③ 若者のまちづくり参加は課題であることはわかったが、何が問題なのか、どこに解決の糸口があるのかを考えることとした。まず先進事例や文献調査を行って、解決のヒントを探ることにした。今では新城市などの先

進事例があるが、当時は自分たちで糸口を探す作業となった。

④区民会議の強みは、足下に現場があることである。そこで、若者たちが地域のお祭りや行事に参加することを通して、若者のまちづくり参加の課題や解決のヒントを探ることにした。毎年、地元の学生たちが地域に出かけ、そこで気がついたことをまとめていった。これを３年間やった。

⑤並行して、こうした若者と若者を受け入れた地域の人たちとが話し合うワークショップを行った。うまくいった要因、うまくいかなかった要因等を煮詰めていくなかで、若者のまちづくり参加を進めていくためのヒントが浮かび上がってきた。これも３回くらいやった。

⑥それを記述していくと、ある種のルールのようなものが浮かび上がってくる。これをもとに考え、あるいはこのルールに基づいて実践することを通して、若者参画のルールの内容を固めていった。

⑦若者と受け入れ地域といった当事者だけでなく、広く、若者や一般区民の意見を聴く会も並行して行った。相模原市南区区民会議の開発したものの１つに、無作為抽出による市民参加方式と楽しく話をするワークショップがあるが、こうしたノウハウを使って、ルールの内容を別の観点からも詰めていった。

⑧最後に、名前を決めるときも、みんなで知恵を絞った。若者参加ルールブックは、あまりに硬すぎるので、もっと親しめるネーミングにしようということになったからである。そこで、ワークショップをやって、ほかの意見も聞きながら、絞っていった。そこで、決まったのが『まちづくりのトリセツ』である。取扱説明書であるとともに、いつでも取り出して使えるという意味を込めている。

このトリセツが、さまざまな関係者の協力でできあがったというのは、奥付を見るとよくわかる。作成者の欄は、行政だけでなく、区民会議のメンバー、地域の人たち、学生などの名前が出ている。協働というのは、それぞれが自分の強みを存分に発揮することである。『まちづくりのトリセツ』の作成は、協働の実践と言える。

第3章

withコロナ時代の協働

その場所に行く、集まるというのが協働の前提だった。

しかし、それでは有為の一部人材を排除することになる。

リモートによって時を場所を共有できることになった。

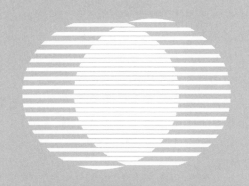

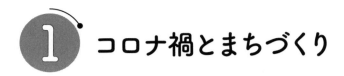

コロナ禍とまちづくり

［1］チャンスとしてのコロナ禍

考えてみよう➡ピンチはチャンスである。コロナ禍をチャンスととらえよう。

　夜や休日の会合やイベントがなくなり、自分の時間ができたという声を
よく聞くようになった。身の回りではどんな変化があったのだろう。コロ
ナ禍は、今までのやり方を見直すよい機会と言える。

◀ コロナの影響

　コロナ禍で、さまざまなイベントが中止・縮小されるなど、まちづくり
活動も、大きな影響を受けた。

①活動の企画自体が難しくなった。予定しても本当に開催できるのか、そ
　もそも、企画づくりに、関係者が集まれないというときもあった。

②まちづくり活動も、参加者が見込めない、場所を使えないなどの困難に
　直面した。

　長く続くコロナ禍は、団体の経営・運営をリソース面（新たな担い手確保、
　活動資金等）から蝕んでいった。

③オンライン化が喧伝されたが、メンバー間のスキルの差が大きく、役所
　のオンライン対応の遅れが目立った。

　コロナ禍は、これまでのまちづくりに、さまざまな影響を与えたが、他
方、悪いことばかりではない。新たな可能性も出てきた。

◀ 近場でのつながり

　コロナ禍で再認識されたのが、近場の価値である。県域をまたぐ行動が

制限され、外出圏がぐっと狭まった。身近なところのよさを発見するマイクロツーリズムという考え方も生まれてきた。

　これまでは近所のまちを出歩くことがなかった人でも、近場の公園、お店などに出かけ、楽しむ人が増えた。

　地域コミュニティは近場の価値のひとつなので、その魅力を再発見するチャンスである。近場の価値を発揮するという観点から、これまでの運営を改める変身のときなのかもしれない。ピンチはチャンスなので、地域コミュニティ復活のチャンスとしよう。

◖withコロナと事業仕分け

　コロナで、多くの活動がいったん中止されたが、そのなかで、止めてよかったものと、中止になって残念という、大きな色分けができてきた。今まで続けてきたことを止めることは、なかなか難しいが、コロナ禍は良い機会になった。

　この機会に、止めるもの、続けるものの仕分けをやってみたらよいだろう。基準は簡単で、中止になってほっとしたか、残念だったかが基本である。

　また、活動のなかで、オンライン（Zoomなど）でできるものと、やはり顔を合わせないとダメなものの区分けも生まれてきた。会議の打ち合わせは、オンラインで十分であるが、議論白熱の会議は、リアルのほうに分がある。活動のオンライン、リアルの仕分けもやってみたらよいだろう。

　この仕分け作業は、役所内だけでなくて、地域活動団体等においても、やるとよい。

◖オンラインによるつながり

　コロナ禍で広がったのが、オンラインの活用である。つながりには、家族や親せきのような固いつながりと、地域やまちづくりなど緩いつながりがあるが、オンラインを体験して、気軽につながれることが実感できた。

オンラインのまちづくりでは、終わった後、「想像よりざっくばらんに話し合いができた」「とてもいい空気だった」という感想を聞くことも多い。

　学校や会社といったコミュニティから離れてしまうと、物理的な距離は変わらなくても、疎遠になってしまうことがあるが、オンラインは、新しいつながりをつくる可能性がある。

　こうした緩いつながりツールは、たくさんあったほうがよい。人の価値や好みは多様だし、置かれた状況もさまざまだからである。自分がつながりたいと思ったときにつながれる機会をたくさんつくることが、まちづくりである。

［2］withコロナと協働

考えてみよう➡withコロナで協働のあり方も変わってくる。

　withコロナで、協働のあり方や力点の置き方、また協働の形態も違ってくる。一緒にやる協働と一緒にやらない協働に分けて、考えてみよう。

◀コロナ禍が一緒にやる協働を展開させた

　これまでのまちづくりは、その場所（会場や現場）に行く、そこに集まるというのが前提であった。だから、会場にスムーズに行かれるようにするために、多くのエネルギーや費用を使ってきた。しかし、コロナ禍で、「会場に行かない」というもう1つの選択肢があることに気がついた。

　考えてみると、これまでのやり方では、いくら知力・知識があっても、会場まで行けないというハンディだけで、有為な人材を排除するということになってしまう。実に、もったいない話であるし、社会的にも大きな損失と言える。

　一緒にやる協働は、時と場所を同じくするということであるが、リモー

トによって、その現場に行かなくても、時と場所を同じくすることができるようになった。これは、協働の新たな可能性でもある。

◀ コロナが一緒にやらない協働を展開させた （那須塩原市）

　一緒にやらない協働は、公共の担い手を後押しする活動である。一緒にやらない協働の最大の施策は、「励まし」であるが、コロナ禍で、この一緒にやらない協働力が問われた。

　コロナ禍で市民が勇気づけられたのは、医療従事者や保健所職員等の奮闘である。そのなかで、自治体が行うべきは、感染リスクと向き合いながら、最前線で働くこれら人々への差別や排除は絶対に許さないという断固たる決意の表明とこれらの人々を支え、連携し、励ますことである。「感染を罪とみなすような風潮、あるいは感染された方やご家族をいたずらに詮索するような風潮」を許さないことが、困難な状況で頑張っている人たちの何よりの助けになる。

　コロナ禍で、一部の自治体は「マスクをつけましょう」条例を制定した。日本のように同調圧力が強い国で、条例でマスクをつけようと言ったら、すぐに排除や差別に直結する。これに対して、那須塩原市は、2020年9月「新型コロナウイルス感染症患者等の人権の保護に関する条例」を制定した（2021年8月「那須塩原市新型コロナウイルス感染症に係る市民等の人権の擁護に関する条例」に改正）。

　那須塩原市の同条例は、「何人も、感染症に係る市民等の人権を最大限に尊重し、感染症に関することを理由として、不当な差別、偏見、中傷などの人権の侵害をしてはならない」（第3条）という不当な差別等の禁止を基本理念とするが、この条例が画期となり、以降、同種の条例が制定されていった（和歌山県橋本市条例は、インターネット等において感染症に係る誹謗中傷等の書き込み等を監視し、発見した場合には、特定電気通信役務提供者等に対して削除の要請を行うものとしている）。

　協働が身についているのか、コロナ禍がリトマス試験紙になった。

② リモート（オンライン）で協働

［1］リモート会議

考えてみよう➡リモートをうまく使いこなそう。

　コロナ禍を機に、会議におけるリモートの利用が一気に進んだ。リモートは限界もあるが、よさもある。リモート会議をうまくやるポイントは何だろう。

◗リモート会議の可能性

　コロナ禍を機に、リモート会議が一気に進んだ。リモート会議には、次のような強みがある。

① わざわざ会場まで足を運ばなくても会議ができる

　リモート会議の大きなメリットは、場所を選ばずに開催できるところである。インターネットに接続できる環境と、会議をしても差し支えない場所さえあれば、簡単にはじめることができる。遠方であっても、つながり、参加する機会の拡大となる。

② 会議室の確保や紙の会議資料の準備などが不要

　オンラインなので、会議室は不要である。会議資料も電子化し、あらかじめメールで送り、画面共有機能を使って、会議をすることもできる。

③ お互い合意すれば、都合のよい時間に会議ができる

　これらで参加のハードルがぐんと下がった。

◗リモート会議の難しさ

　リモート会議の難しさもある。

① 発言の意図をつかみにくい

　通信を通して、相手の表情を見、声を聞くことになることになるので、その場の雰囲気がわかりにくく、通常の会議よりも、発言の意図を把握するのが難しい。

② 発言のタイミングが難しい

　ミュート状態から、手をあげて指され、ミュートを解除して発言するというプロセスを経るが、微妙な時間差があり、適切に発言することは意外と難しい。手をあげているのに気付かれずにスルーされてしまうということもある。

③ 全体の一体感が生まれない

　フェイスtoフェイスの場合、ともに考えたという仲間意識が生まれてくる。場所を同じくする効果であるが、リモートの場合、それが乏しいので、一体感をつくりにくい。

④ 発言者が偏る

　リモート会議では、一部の人たちだけで議論が盛り上がってしまうと、ほかの参加者が話に加わりづらくなる可能性が強い。

⑤ 発言が噛み合わない

　オンラインでのやり取りなので、ちょっとした言葉のニュアンスの違いや誤解が生じることで、話が噛み合わないことも起こりやすい。

⑥ 機器や通信状況の影響を受けやすい

　機器の調子や通信状況の乱れなどで、スムーズに会議が進まないときがある。

⑦ ＩＴリテラシーが必要になる

　パソコンが苦手な人やリモート会議をしたことがない人などにとっては、敷居が高い。

　いろいろあるが、しかし、乗り越えられないことではない。

◖リモート会議のルール（白岡市）

　リモート会議のルールを整備しはじめている自治体もあるだろう。これは、埼玉県白岡市のリモート会議のルールである。会議の前に、参加者で確認し合う。

Web会議（オンライン会議）におけるお願い

① 発言したいときは、挙手をすること

　委員長が議事進行を行います。

　発言や回答を求められた場合には、発言する前に挙手をお願いします。

　挙手がない場合など、委員長の指名により発言を求めることもあります。

② ゆっくり、はっきりと話すこと

　Web会議と対面の会議では、映像や音声の伝わり方が異なります。

　参加者の声が聞こえにくかったり、途切れてしまったり、タイムラグが発生したりするのは避けられません。

　発言者の声がよく聞こえないまま会議が進んでしまうと、参加者は内容をよく理解できず、意見や質問ができない状態になってしまうこともありますので、できる限りゆっくり、はっきりと話す必要があります。

③ 発言の終了時には、「以上です」などと言葉を添えること

　発言を終了する場合には、「以上です」といった言葉を添えるだけで、とても進行がスムーズになります。発言終了時にはそれが全員に明確に伝わるような言葉を添えるだけで、次の発言者もスムーズに発言することができるようになります。

④ 話を最後まで聞くこと

　声が重なって「えっ？」といった渋滞を起こさないために、発言者

の話を最後までしっかり聞くよう心掛けてください。

⑤ リアクションは大きく多めにすること

何もリアクションがないと、発言者は相手にきちんと聞こえている
のか、理解されているのか不安になってしまいます。

発言者が不安にならないよう、画面越しでもわかるリアクションを
取ることで、発言者も安心して話を進めることができます。

［2］オンライン・まちづくりの試み

考えてみよう➡リモートをうまく使いこなそう。

リモートは、協働型のまちづくりにも使える。協働の当事者である市民、
議員、行政職員が、リモートでつながる試みが行われているので、これ
を参考に、自分のまちでも挑戦してほしい。

◖市民、議員、行政職員がまちの未来を一緒に考える（焼津市）

焼津市のまちづくり市民集会は、2021年度は、コロナ禍でZoomを利
用し完全オンライン形式により開催した。テーマは、『未来につなげるまち
づくりⅡ　withコロナの先へ』である。

当日は、市民、議員、行政職員が参加し、年代も10代の高校生から80
代の高齢者まで71名が参加し、初めてのZoomに悪戦苦闘しながら、コ
ロナ禍で変わったことを出し合い、コロナを乗り越えていくためのアイ
ディアを話しあった。

そのなかで見えてきたのは、緩いつながり、ソフトなつながりのツール
としてのオンラインの可能性である。リアルな対面方式もいいが、オンラ
インの持つ「適度な距離感」が、案外いいということなのだろう。

すると、次にするべきことが見えてくる。

・市民、議員、行政職員がオンラインで交流を持てる機会
・オンラインが苦手な高齢者など誰でも参加できるZoom講座
・高校生がZoomのやり方を教えるなど、若者が活躍できる仕組み
・これまで地域と疎遠の市民がオンラインでつながる方法
・せっかく覚えたオンラインの技術を使える場づくり

　今後は、これらの集合体である「オンラインまちづくり集会」を開催していったらよいであろう。

◀研究者・行政職員・議員・市民が同じ場で研究する （北海道自治体学会）

　学会、研究会と言えば、学者・研究者が、会場に集まるというのが通り相場だった。しかし、コロナ禍で、学会、研究会も、オンラインが当たり前になるなかで、北海道自治体学会は、2020年7月から、毎月1回オンライン研究会を開催している。

　統一テーマは、「ポストコロナの自治」であるが、各回の内容を見ると、バラエティに富んだものとなっていて、それぞれの関心に応じて気軽に参加できるものとなっている。

　このオンライン研究会が、自治体学会会員の新たな研究、交流の場を創設したという点は言うまでもないが、会員外の議員・一般市民も参加することで、市民、議員と研究者が連携・協力した研究の可能性を開いたことになる。従来の会場に集まる方式では、部外者は参加しにくいが、オンラインならば、そのハードルが下がるからである。

　協働時代において、地方自治の研究も、研究者だけが独占的に行うものではなく、協働の当事者である市民、議員も研究に参加し、その強みを発揮することが求められている。オンラインは、その間口を広げたことになる。

あとがき──協働とともに30年──

　本を書くには、何かのきっかけが必要である。

　本書の場合、神奈川県逗子市で、自治基本条例づくりなどの仕事を一緒にしたファシリテーターの東浩司さんが、ご自身のブログに、協働について、「松下先生と私では専門性の高さはもちろん比べものにならないのですが、それにも増して成功体験の豊かさで格段の違いがあると思いました」（Cozy Life 2018年6月12日）と書いてくれたことである。

　それを読んで、自分でも意識していなかったことであるが、そういえば、たくさんの場数を踏んできたなあと思いつき、それを記述してみようと考えた次第である。

　一緒にやらない協働とは違って、一緒にやる協働は、相手があってできることなので、私も多くの体験を通して、成功法則を体得してきた。その範囲は、相模原市、新城市、焼津市、戸田市、島田市、上田市、流山市など全国に及ぶが、そのまちの人たちとの議論や実践のなかで、体得したと言える。

　大阪国際大学や相模女子大学の学生たちからも、たくさんのことを教わった。学生たちから、よく「センセイは無茶振り」と言われるが、ともかく、まちに出て、まちの人たちと一緒に議論した。まちの人たちとの水平な議論になると、大学教授も学生もなく、学生たちの人を巻きこむ力、水平に議論する力に何度も驚かされた。

　「はじめに」に書いたように、私が協働に出合ったのは、1992年である。「協働とともに30年」ということになるが、この30年間、数多くの人たちとともに、協働に取り組んできたことになる。

　本書は、こうしたたくさんの人たちとの協働の成果としてできあがったものである。著者名は、私一人であるが、これらの人たちとの協働作品とも言える。あらためて、お礼とともに感謝申し上げたいと思う。

松下 啓一（まつした・けいいち）

地方自治研究者・政策起業家。専門は現代自治体論（まちづくり、協働、政策法務）。横浜市職員を経て、大阪国際大学教授、相模女子大学教授を歴任。26年間の市職員時代は総務・環境・都市計画・経済・水道などの各部局で調査・企画を担当。著書に『市民がつくる、わがまちの誇り：シビック・プライド政策の理論と実際』（水曜社）『自治するまちの作り方：愛知県新城市の「全国初の政策づくり」から学ぶもの』（イマジン出版）『事例から学ぶ若者の地域参画成功の決め手』（第一法規）『定住外国人活躍政策の提案』（萌書房）など多数。

事例から学ぶ・市民協働の成功法則
——小さな成功体験を重ねて学んだこと

発 行 日	2022 年 5 月 30 日　初版第一刷発行
著　　者	松下 啓一
発 行 人	仙道 弘生
発 行 所	株式会社 水曜社
	〒160-0022 東京都新宿区新宿 1-14-12
	TEL.03-3351-8768　FAX.03-5362-7279
	URL suiyosha.hondana.jp

編集協力	門倉 恭子
Ｄ Ｔ Ｐ	小田 純子
印　　刷	モリモト印刷 株式会社

全国の書店でお買い求めください。価格はすべて税込（10%）